Wilhelm Spiegelberg

Studien und Materialien

Zum Rechtswesen des Pharaonenreiches der Dynast. XVIII-XXI (c. 1500-1000 v. Chr.)

Wilhelm Spiegelberg

Studien und Materialien
Zum Rechtswesen des Pharaonenreiches der Dynast. XVIII-XXI (c. 1500-1000 v. Chr.)

ISBN/EAN: 9783743684102

Hergestellt in Europa, USA, Kanada, Australien, Japan

Cover: Foto ©Suzi / pixelio.de

Weitere Bücher finden Sie auf **www.hansebooks.com**

STUDIEN UND MATERIALIEN

ZUM

RECHTSWESEN DES PHARAONENREICHES

DER DYNAST. XVIII—XXI (C. 1500—1000 V. CHR.)

INAUGURAL-DISSERTATION

ZUR

ERLANGUNG DER PHILOSOPHISCHEN DOCTORWÜRDE

AN DER

KAISER WILHELMS-UNIVERSITÄT STRASSBURG

EINGEREICHT VON

WILHELM SPIEGELBERG

HANNOVER

COMMISSIONS-VERLAG DER HAHN'SCHEN BUCHHANDLUNG

1892

HOFBUCHDRUCKEREI DER GEBRÜDER JÄNECKE

EINLEITUNG.

Als ich im Sommer des Jahres 1890 die Papyrusschätze des Britischen und Liverpooler Museums studierte, nahmen die umfangreichen Processacten dieser Sammlungen mein besonderes Interesse in Anspruch und gaben die erste Anregung zu der vorliegenden Arbeit. Mein Plan war damals, vor allem auf Grund der neuen Quellen eine zusammenhängende Darstellung des aegyptischen Gerichtswesens während des neuen Reiches zu geben. Allein je länger ich mich mit dieser Arbeit beschäftigte, um so mehr sah ich die Unmöglichkeit einer derartigen Ausführung meiner Aufgabe ein. Die von mir copierten Acten bleiben trotz ihres grossen Umfangs doch eben nur die Acten eines einzelnen Processes, welche zu einer Darstellung des allgemeinen Gerichtsverfahrens selbst bei den vorsichtigsten Schlüssen nicht im entferntesten ausreichen, ebensowenig wie sich aus den Acten einer unserer Schwurgerichtssitzungen ein Bild des deutschen Gerichtswesens entwickeln liesse. Zu besseren Ergebnissen führten mich jedoch die Vorarbeiten, welche ich auf das gesamte Rechtswesen des neuen Reiches ausgedehnt hatte; sie bilden den Inhalt der vorliegenden Untersuchung.

Schon der Titel dieser Arbeit deutet an, dass es nicht in meiner Absicht liegt, ein zusammenhängendes Ganze zu bieten. Ich habe auf dem weiten Gebiet, welches durch die Arbeiten von Brugsch, Chabas, Erman und Maspero erschlossen ist, diejenigen Punkte zu erhellen gesucht, welche bislang noch der allgemeinen Aufmerksamkeit entgangen oder trotz mancher Bemühungen dunkel geblieben sind. Vor allem aber lag mir daran, für eine Reihe von Fragen das einschlägige Material so vollständig wie möglich zusammenzutragen, und dieser Gesichtspunkt hat mich dazu veranlasst, mein Gebiet zeitlich so viel als möglich einzugrenzen. Freilich verkenne ich nicht, dass eine derartige Eingrenzung manches gegen sich hat; ist es doch so unmöglich, die historische Entwicklung eines richterlichen Organs zu verfolgen. Allein zu einer auf breiterer Basis angelegten Untersuchung, welche ohne jede Frage zu den lohnendsten Ergebnissen führen muss, würden meine Kräfte nicht ausgereicht haben, da ich notwendigerweise eine Litteratur hätte durcharbeiten müssen, welche ich vor der Hand fast gänzlich bei Seite gelassen habe, ich meine die ältesten und jüngsten juristischen Quellen, in welchen die beiden Pole der Rechtsverfassung des Pharaonenreiches liegen, — auf der einen Seite das ganze Material des alten und mittleren Reiches und andererseits die reiche demotische, griechische und koptische Papyruslitteratur. Dass sich bei der Continuität der aegyptischen Staatsverhältnisse Quellen einer jungen und alten Zeit für die zwischenliegende Periode bei vorsichtigen Schlüssen vortrefflich verwerten lassen, unterliegt ja keinem Zweifel. Daneben würde auch die religiöse Litteratur der Aegypter zu berücksichtigen sein. Voltaires Wort, dass die Menschen die Götter nach ihrem Ebenbilde geschaffen, trifft nicht am wenigsten für das Pharaonenreich zu. Die Götter des aegyptischen Olymps spiegeln die Bewohner des Nilthals wieder, und so mag sich beispielsweise mancher Zug des Göttergerichts auch für unsere Frage verwerten lassen.

Die Classiker, deren Nachrichten sich meist auf die Saiten-, Ptolemaeer- und Kaiserzeit beziehen, habe ich stets mit grösster Vorsicht verwertet und meist nur da herangezogen, wo sie durch die aegyptischen Quellen in irgend einer Weise illustriert werden. Dass ich auf die nicht selten zwischen dem aegyptischen und mosaischen Rechtswesen angestellten Vergleiche völlig verzichtet habe, wird der mit der modernen Bibelkritik vertraute Leser begreiflich genug finden.

Meine Abhandlung zerfällt in drei Abschnitte, in welchen ich

I. einige Organe,

II. einige Acte der Justizpflege

und III. in einem Anhange zwei juristische Documente behandelt habe. Über alles Weitere mag die Arbeit selbst Aufschluss geben.

Zum Schluss drängt es mich, meinem verehrten Lehrer Herrn Professor v. **Dümichen** für die freundlichen Ratschläge, mit welchen er mich in mancher schwierigen Frage unterstützt hat, auch an dieser Stelle meinen wärmsten Dank auszusprechen.*)

*) Die eingebürgerten Abkürzungen in den Quellenangaben glaube ich hier nicht weiter erläutern zu müssen, um so weniger, als ich auf das Verzeichnis **Ermans** am Schluss des zweiten Bandes seines „Aegypten und aegyptisches Leben im Altertum" verweisen kann. Erwähnen will ich nur, dass ich die noch unveröffentlichten Processacten des Brit. Museums mit *H. A.*, *H. B.* und *H. C.*, die des Liverpooler Museums mit *M. A.* und *M. B.* bezeichne, Abkürzungen, die ich in einer künftigen Publication beibehalten werde.

— —

I. Über einige Organe der Justizpflege.

A. Der [Hieroglyphen] ṯꜣt „Vezier"

In der vielseitigen Thätigkeit dieses höchsten Beamten des Pharaonenreiches haben die juristischen Funktionen zu allen Zeiten eine grosse Rolle gespielt. Ich berühre nur flüchtig die alten Titel, in welchen die richterliche Stellung des Veziers zum Ausdruck kommt,[1a] denn

[Hieroglyphen][1b], [Hieroglyphen][2] ..?. sꜣb, iri Nḫn

[Hieroglyphen][3] mr ḥwt wryt

und [Hieroglyphen] ḥm-nṯr mꜣꜥt

sind Reliquien, welche der conservative Sinn der Aegypter in den Organismus des neuen Reiches übernommen hat. Der Wert dieser Titel ist also für unsre Frage nicht zu hoch anzuschlagen. So zum Beispiel ist es mehr als fraglich, ob im N.R. die Institution der „VI grossen Häuser" überhaupt noch am Leben war. Jedenfalls ist die Funktion ihres „Vorgesetzten nirgends in den Texten unsrer Periode näher gezeichnet. Um so mehr erfahren wir über den letzten Titel, über welchen die bekannte Stelle im Diodor[4] unter Brugsch's glänzender Interpretation[5] ein so helles Licht verbreitet hat. Ein weiteres klassisches Zeugnis findet sich bei Aelian,[6] welcher wie Diodor berichtet, dass der Oberrichter ein Bild der Wahrheit am Hals trug, jedoch etwas abweichend dieses Bild nicht aus „kostbaren Steinen,"[7] sondern aus Saphir verfertigt sein lässt.[8] Dieser Schmuck galt nun nicht nur für den ḥm-nṯr Mꜣꜥt „den Priester der Mꜣꜥt" sondern allgemein für die Cultusbeamten dieser Göttin. So gehört das einzige mir bekannte Monument, welches uns das Halsband darstellt,[9] einem hohen Beamten an, namens Bn-iṯhꜣ-Ḥr[10], welcher unter anderen Titeln[11] auch den eines mr wꜥb Mꜣꜥt führte, dieser letztere eben verlieh ihm jenes Abzeichen. Wenn auch diese stark verstümmelte Statue[12] aus der Regierung des Necho stammt, so lässt sie sich doch auch für die uns hier beschäftigende Zeit verwerten, denn dass derartige Abzeichen nicht jungen Datums sind, lässt sich nicht bezweifeln.

Die Beziehung eines richterlichen Beamten zu der Göttin der Wahrheit bedarf keiner näheren Beleuchtung und lässt sich noch weiter verfolgen. Ich erwähne nur, dass Nfr-rnpt, der Vezier unter Ramses II, auf der Rückseite eines im Berliner Museum[13] befindlichen Tempelchens im Gebet vor der Mꜣꜥt dargestellt ist, eben mit Bezug auf seine richterlichen Funktionen.[14] Es begreift sich auch recht gut, dass während des grossen Prozesses der Gräberdiebe unter Ramses IX diese gelegentlich[15] von dem Vezier und dessen Beirat, dem Oberpriester des Amon, in dem Tempel der Mꜣꜥt verhört werden. Desgleichen liegt in den Titeln des Nb-ḳd: ꜥn šꜥt n pr ꜥꜣ smn hꜣp m pr Mꜣꜥt „königlicher Schreiber des Archives, welcher die Gesetze im Tempel der Mꜣꜥt festigt" und ꜥn mꜣꜥt m pr mꜣꜥt „Schreiber der Wahrheit im Tempel der Wahrheit"[16] eine Beziehung des Tempels der Mꜣꜥt zur

Justiz vor.

Da der Vezier die eigentliche Seele der Verwaltung war, und seine Hand überall eingreifen konnte, so erstreckte sich auch seine Jurisdiction naturgemäss auf viele Gebiete der Rechtspflege. So erfahren wir bereits im M.R.[17], wie ein Vezier die Grenzen „feststellt." Das war keine leichte Arbeit, denn wenn er gewissenhaft sein wollte oder, wie der aegyptische Ausdruck lautete, „die Wahrheit sehr liebte",[18] so galt es nicht allein, die hierauf bezüglichen Urkunden einzusehen,[19] sondern auch, sich von der Richtigkeit des darin Gesagten an Ort und Stelle zu überzeugen. Auch im neuen Reich bleibt es darin beim alten und nach wie vor „macht der Vezier die Grenzen"[20] und gab jedem Landbesitz. Und wenn jemand klagte: „Unsere Grenze ist verschoben, deshalb mache sie neu!"[21] so leistete er Hülfe und griff auch persönlich ein. Daraus erklärt sich, weshalb wir ihn fern von der Residenz bald im Süden bald im Norden[22] thätig finden. Bei diesen Amtsreisen, welche der Vezier zu Wasser[23] und zu Lande ausführt, stehen ihm „die Gendarmen, die Diener seiner Majestät"[24] zu Diensten, und vor allem fehlen niemals in seinem Gefolge seine Secretaire.

Wollte jemand eine Klage erheben, so war der Vezier für ihn die erste Instanz[25], welcher er sein Anliegen „meldete",[26] und zwar konnte er seine Anklage schriftlich formulieren. In dem Pap. Salt ist uns ein solches Libell erhalten geblieben. Ob die schriftliche Klage in allen Fällen geboten war, wissen wir nicht. Für eine spätere Zeit berichtet zwar Diodor[27], dass das ganze Gerichtsverfahren schriftlich war, eine Behauptung, die jedenfalls mit unseren bisherigen spärlichen Nachrichten nicht im Widerspruch steht. Allein eine sichere Lösung erlaubt das vorliegende Material nicht, und man darf sich immerhin fragen, ob nicht etwa nur dann das schriftliche Verfahren eingeschlagen wurde, wenn eine Partei verhindert war, persönlich beim Vezier ihre Beschwerde vorzubringen.[28]

Die vor dem Vezier geführten Verhandlungen fanden in der „Halle des Veziers"[29] statt, welcher dort auf einem Sessel[30] Platz nahm[31]

ḥms r ꜥf šsm XL sš m bꜣḥ.f wr rśi m ꜥrt m bꜣḥ-
f mr ꜥḥnwt ḥr wnmf iri ꜥk ḥr iꜣbf ꜥn n ꜣ.t r gsf
wꜥ gwg wꜥ m wꜥ nb r ꜥḥꜣf sdm wꜥ ḥr s; snwf in rd sdm pḥ r
ḥꜣt ḥri

„Ein Scepter ist in seiner Hand, 40 Rollen sind vor ihm ausgebreitet, die Grossen des Südens(?)[34] stehen zu beiden Seiten vor ihm, der Kabinettsvorsteher steht zu seiner Rechten, der Ceremonienmeister[35] zu seiner Linken, die Schreiber des Veziers neben ihm. Einer bespricht[36] sich mit dem andern, indem[32] jeder vor ihm steht. Er verhört einen nach dem andern, nicht lässt er den letzten vor dem ersten verhören."[38]

Diese Stelle zeigt uns gleichzeitig, dass der Vezier in seinem Richtsspruch durch ein corpus juris — denn das werden wir in den „40 Rollen" zu suchen haben — in grosser Weise gebunden war. Wenn auch „der König Aegypten unter sein Gesetz gestellt hat"(39), so ist er selbst doch wieder durch dieses „Gesetz, welches bei ihm ist" gebunden(40). Daneben beschränkte den Vezier auch die knbt, „der Rat", über welchen ich weiter unten zu sprechen habe. Allein das Nähere entzieht sich meiner Kenntniss. Denn das einzige für diese Frage in Betracht kommende Schriftstück, der in einem Bologneser Papyrus(41) geschilderte Process des Bꜣk-n-imn, lässt in dieser Hinsicht so wenig einen sicheren Schluss zu, dass ich mich begnüge, hier ganz kurz den Inhalt des betreffenden Teiles jenes Textes zu geben. Erst nachdem der Kläger den ganzen Instanzenweg erschöpft hat, das heisst auf gütlichem Wege den Sclaven in seine Hände zu bringen gesucht und den Vezier vergebens interpelliert hat, macht er gegen den unrechtmässigen Eigentümer des Sclaven den Process vor der knbt anhängig. In dem sonderbaren Benehmen, welches der Gouverneur in dieser Angelegenheit beobachtet, blicken die Zeichen der Zeit deutlich durch, die Bestechlichkeit der Staatsbeamten, deren höchster in dieser Hinsicht keine Ausnahme macht. Darüber werden die Klagen häufig laut, freilich in negativer Form. Allein wenn Amonrê mit einem Vezier verglichen wird,(42) und es von ihm heisst:

p3 t3ỉ n p3 nmḥw bn sw ḥr šsp ḥr f3w n-

(43)

ˁḏ3w

„Der Vezier des Armen, er nimmt nicht die Bestechung der Schuldigen" – oder ein gerechter Vezier gefeiert wird:(44)

ỉm rd hr gs ḏd m s3 htp ỉp m3ˁ.tỉ hnˁ wsr

ỉn hr rm sprn.f

„unparteiisch, der einen jeden zufrieden ausgehen lässt, der zwischen dem Armen und Mächtigen entscheidet. Nicht weinte einer, der sich beschwert hatte"

(45) ỉtỉ hˁtỉ m hk3 ht n ˁryt

„der den Fürsten wie den Burggrafen vor Gericht zieht", so verbirgt sich doch hinter diesen poetischen(46) Phrasen eine Sprache, die nicht misszuverstehen ist.

Bekannt ist, welche rege Thätigkeit der Vezier in dem Process der Gräberdiebe entwickelte. Möge zum Schluss der folgende einer Correspondenz(47) entnommene Fall aus der juristischen Praxis dieses Beamten das gegebene Bild vervollständigen.

Der Söldneroberst Pn-ỉmn (sic) schreibt seinem Collegen Hrỉ-šmrt unter anderem:

(48)

ky ḏd n ˁnh nt K3rwty Astw rhtw ˁnh nt T3-k3rw

Astw h3b rrst r ḏd šd ỉp n ỉ3wt ỉnak

mdssỉ ỉs tn mnt.t ỉsm r hˁ.t n3 ˁm ỉ3t

r p3yst nr twi rh st twi ʿkh(wi) r p3yst pr

ʿn hr mk mʿct ịmi ịs bw ịrt ịịị ịmịr-

(ịm)-st shnwnn mb3h t3t h3nnn di r

twtn di nt p3yi ịh mtwt dt t3 ʿ3t n

Pr-ʿ3 ʿnh wd3 snb r p3yst ịh3y hnʿ ttst m-

twt s3w t3yi šʿt ịryst mtrt

„Etwas Anderes für die Thebanerin K3ịwty: Du kennst die Thebanerin T3-k3rw, zu welcher man sandte mit den Worten:(?) Erhebe die Erstlinge meines Viehs von ihr! Singst du nicht vor den Schreibern des Veziers her in ihr Haus? Ich kenne sie, ich trete wieder in ihr Haus. Das Recht war doch auf meiner Seite. Singst du denn nicht mit ihr? So wollen wir vor dem Vezier erscheinen und uns vergleichen. Ich gebe dir meinen Ochsen, und du stellst die Eselin des Pharao mit ihrem Jungen in ihren Stall. Heb meinen Brief auf, dass er dir als Zeugniss diene!"

Commentar:

Der Name T3-k3r findet sich nicht selten, so
R.H.J. 53. Mariette: Catal. d'Abyd. 1222(18)
Rec. III. 18

Über den analogen männlichen Namen P3-krr vgl. jetzt

Steindorff (Ä.Z. 92/63)

In … ist …, welches ich nur zweifelnd durch … umschreibe, vielleicht Dittographie der folgenden Gruppe, möglicherweise ist die etwas zerstörte Correctur zu unserer Stelle so zu verstehen. Jedenfalls gewinnen wir durch die Umschrift … einen befriedigenderen Sinn als ihn der jetzige Text giebt, und ich möchte die folgende Übersetzung vorschlagen „……… zu welcher man sandte, um die Erstlinge meines Viehs von ihr zu erheben".

Zu ỉswt ỉnwt vgl. Erman: N. Gr. § 28.

Dass … ein Schreibfehler für … ỉrm ist, hat bereits Goodwin(49) erkannt. Eine andere fehlerhafte Schreibung dieses immer noch unerklärten(50) Wortes ist … sic (Pap. Anast. VI 6/13. Pap. Bulaq X Recto/2.9)

sḥnw ist juristischer term. techn. für das Erscheinen vor Gericht, der sich auch sonst(51) belegen lässt.

twt ist vielleicht in ⲧⲱⲧ ⲛϩⲏⲧ „contentus esse" und dem einmal(52) belegten ⲧⲱⲧ ⲛⲉⲙ „mit jemd. vereinbaren" erhalten. Zu dem Ausfall des w vergleiche man … šwyti: ⲉϣⲱⲧ und … wnw: ⲛⲉ(53)

Über den „Esel des Pharao" s. Erman: Aegypten. pag. 178.

Zu dem Schluss vgl. die Briefformel:

ptri ḥ3b r irt nn mtrt(54)

„Siehe, das ist geschrieben, um für uns als Zeugniss zu dienen" oder wie die kürzere Fassung lautet:

ptri ḥ3bi nk r mtrwk(55)

wörtl. „Ich habe dir zu deinem Zeugniss geschrieben (d. h. um dir ein Zeugniss zu liefern)". (56)
So leicht sich unser Schriftstück übersetzen lässt, so schwierig ist es für uns, in den Sinn des Ganzen einzudringen. Denn wir haben es hier mit einer Correspondenz (zu thun), welche sich häufig auf Dinge bezieht, die dem Addressaten bekannt sind, und daher in dem Brief nur eben angedeutet werden. Allein den Schluss verstehen wir ganz. Der Vezier wird uns hier als Friedensrichter geschildert, vor welchem die beiden Parteien einen Sühneversuch machen wollen, wie das bereits Chabas scharfsinnig erkannt hat.

B. Die [hieroglyphs] knbt „der Rat"*

Die obige Gruppe, deren Lesung bislang noch nicht gesichert war, stellt sich im Hieratischen in ihren wesentlichen Formen so dar:

I. [hieratic] (57) II. [hieratic] (58) III. [hieratic] (59) IV. [hieratic] (60) V. [hieratic] (61) [hieratic] (61a)

VI. [hieratic] (62) VII [hieratic] (63) VIII [hieratic] (64) IX. [hieratic] (65) X. [hieratic] (66)

* Ich habe am Schluss eine Begründung dieser Übertragung gegeben. Übrigens habe ich fast überall das aegyptische Wort beibehalten, um der Interpretation nicht vorzugreifen.

XI. (62)

Die übliche Umschrift [Hieroglyphen] ṯ3t ist neuerdings von Griffith(68) angefochten und – freilich ohne rechten Beweis – durch [Hieroglyphen] knbt ersetzt. In der That existiert keine hieroglyphische Vorlage für die alte Lesung, denn die einzige Stelle, welche sich aus einer von de Rougé(69) veröffentlichten Inschrift heranziehen liesse, verdankt offenbar dem Irrtum eines Copisten ihr Dasein, sei es des modernen oder des aegyptischen Steinmetzen, welcher seine hieratische Vorlage missverstand.(20) Dagegen lässt sich aus hieroglyphischen Texten die von Griffith vorgeschlagene Umschrift thatsächlich belegen.

Der Titel [Hieroglyphen](21) sr n t3 knbt, über den ich weiter unten sprechen werde, findet sich als

[Hieroglyphen](22) und [Hieroglyphen](23)

wieder. Der in dem von Golenischeff(24) im Auszug mitgeteilten Petersburger Papyrus genannte Rat kehrt in der Bḫtnstele (Zeile 9-10) als

[Hieroglyphen] knbt nt ḫnw wieder.

Indem ich noch auf den weiter unten(25) mitgeteilten Passus aus dem Decret des Ḥr-m-ḥb verweise, erwähne ich hier beiläufig die seltsame Schreibung [Hieroglyphen] = [Hieroglyphen] des Bulaqer moralischen Papyrus(26). Bei der jetzigen Lesung knbt ist das n durchaus verständlich.

Bezeichnet [Hieroglyphen] den Rat als solchen, so führen die einzelnen Mitglieder dieser Körperschaft den Namen [Hieroglyphe] sr.(22) Ich erinnere nur an die Bezeichnung:

nꜣ srw ꜥꜣyw n tꜣ ḳnbt ꜥꜣt n nt[78] „die grossen sr der grossen ḳnbt der Stadt" und die soeben citierten Beispiele und . Eine bemerkenswerte Variante findet sich in einem noch unveröffentlichten Papyrus der Bibl. Nat. zu Paris[79] unter der Form:

ꜥꜣ n ḳnbt „Grosser der ḳnbt"

In manchen Verbindungen treten nun die sr geradezu für die ḳnbt ein. So haben wir unter den term. techn. der Gerichtssprache neben ꜥḥꜥ irmw mbꜣḥ tꜣ ḳnbt[80] „mit jemd. vor der ḳnbt stehen" ein ꜥḥꜥ irm mbꜣḥ nꜣ sr[81] „mit jemd. vor den sr stehen" und neben der [82] ḳnbt n nt die [83] sr n nt.

Damit wird aber auch die Bedeutung des Abkürzungsstriches[84] klar, welcher sich häufig hinter unsrer Gruppe findet; er vertritt offenbar das schwierige Determinativ , wie sich denn thatsächlich die Schreibung einmal[85] nachweisen lässt. Gleichzeitig geben mir die letzten Ausführungen aber das Recht, die Angaben über die richterliche Thätigkeit der sr auch für die ḳnbt zu verwerten.

Im folgenden sind zunächst die Texte zusammengestellt, welche einiges Licht auf die Thätigkeit der ḳnbt werfen. Ich beginne mit dem Pap. Bulaq. 10.[85], welcher bislang noch keine Bearbeitung gefunden hat.

Recto.

1 r rdỉt rḫtw ꜣḫt [n ḳrs n Ḥꜣy sꜣ Ḥwy]

2 ỉrdyn.f n ꜥnḫ nw nt Tꜣ-ḏmy Ꜣꜣyf mt ỉst ḳr-

s I 3 ỉw ḏf pꜣyst wt n ..... d-ỉmn ỉr n wtn

LX 4 wḥm sp rdy n.f ns wt I r ḳrsst ỉw ỉrwy.f

ỉst ḳrs 5 n Ḥwy-nfr pꜣyf ỉtf ḥr ptrỉ.

pnꜥ st nꜣ ḫrdw 6 n ꜥnḫ nw nt Tꜣ-gmy r

wꜣḥ ꜣḫtst m pꜣ hrw 7 ḥr ỉw mbwpwyst ḳrs

pꜣyst ỉtf ḥr mbwpwï nꜣyst ḫrdw

ḳrs gr mntïst ỉḫtst pꜣ ntï st ḥr wꜣḥ.f

m 9 m (sic) pꜣ hrw ḥr ỉw mbwpwïw ḳrs ỉrm

pꜣyỉ 10 ỉtf md ḳrs.f pꜣyf ỉtf ḥn(?) Ꜣꜣ-

yf mt ḥr ỉdtw ꜣḫt n ḳrs hrww n Pr-

ḥꜣpw n Pr-ꜥꜣ ꜥnḫ wḏꜣ snb pꜣyỉ nb ꜥnḫ wḏꜣ nfr ꜥnḫ wḏꜣ snb.

ptrì twì mḥ3.t n3 srw imm ìrwyw p3 nfrw 13 ḥr.

ptrì t3 ìst dtw n T3ì-nḥsì n S3-w3dyt md

krsst 14 ìwf dt nsst p3yf ct ìwtw dtnf

t3yst pš mḥ3.t n3 srw 15 ḥr ìw m šṯnì imn-ḥtpw

cnḫ wd3 snb rdtst nf m t3 knbt

1 Verzeichniss der [Bestattungs]gegenstände [des H3y, Sohnes des Hwy], 2 welche ihm übergeben wurden für die Thebanerin T3-gmy, seine Mutter: Ein Begräbnissplatz.

3 Und er gab dem .... dw-imn ihren Sargkasten im Werte von vierzig Wtn.

4 Ferner wurde ihm für sie ein Sargkasten für ihre Bestattung übergeben und er machte einen Begräbnissplatz 5 für seinen Vater Hwy-nfr. Doch die Kinder 6 der Thebanerin T3-gmy haben das verdreht, um ihre (der T.) (Begräbnissgegenstände heute zu verlangen. 7 Denn sie hat ihren Vater nicht bestattet, und ihre Kinder haben ebenso 8 wenig bestattet. Ihre (Begräbniss)gegenstände verlangen sie nun 9 heute. Doch sie haben nicht nach den Bestimmungen[88] meines Vaters 10 in seinem Erbbegräbniss[89] begraben. Und doch sind (ihnen) die 11 Begräbnissgegenstände gegeben. So mag denn das Gesetz des Pharao, (L.H.G.), meines gnädigen (L.H.G.) Herrn (L.H.G.) sprechen! 12 Siehe! ich stehe vor den Richtern, mögen sie thun was recht ist!

13 „Was (zum Beispiel) den Platz anlangt (wörtl. siehe den Platz), welcher der Tii-nhsi für Sꜣ-wdyt in ihrem Begräbniss gegeben ist, 14 so gab er ihr seinen Sargkasten, und man gab ihm ihren Teil (d.i. das ihm von jener zugewiesene) vor den Richtern. 15 Und zwar gab der König Amenothes ihn (d.i. den Teil) ihm vor der Knbt."

Verso

1 Rnpt VIII ꜣbd III prt hrw XXVI hrw* pn sdm r n Hꜣy sꜣ Hwy hr nꜣy 2 iswt n pꜣy·f it·f rdyw n nꜣy·f hrdw m hꜣrw r rdt rhtww

3 Iꜣ hbt nti r gs Iꜣ iꜣbt n Kꜣhꜣ I n mh VII wsht III šp IV

4 Iꜣ ꜥꜣ nti r gs pꜣ hnw n Hwy ..?.. II ..... XIII wsht VIII šp III ..?.. ½ (wsht) VIII šp IV

5 pꜣ iwtn nti iꜣy·f šꜣꜣyt m imf I n mh VI wsht VI

* Mit einem durchstrichenen w (w̶) umschreibe ich mehrere w, welche nur dem Schwunge des Schreibrohrs ihr Dasein verdanken.

6,1 ı͗ḥ ꜥt n ꜥꜣ-nḫtw n mḥ VIII wsḫt VII šp III VII wsḫt III

2,1 pꜣ mr n ꜥn Rꜥ-ms Kꜣḫꜣ IX wsḫt VI

8,1 pšw nsn m rnn! VIII ꜥbd III prt XXV II

9,1 ı͗ḥ ꜥt. nt r gs pꜣ ḫnw n Mnı͗w-pꜣ-ḥꜥp ḥnꜥ

ꜥnḫ nw nt Srq m dnı͗ II

10,1 ḥnꜥ(?) Ꜣꜣyst šꜣꜣyt n mḥ XIII wsḫt n mḥ VIII šp III ı͗ḥ ꜥt

n mḥ VII ½ wsḫt VIII šp IV.

11,1 ı͗ḥ ḥtt ḥnꜥ(?) pꜣ mr n Rꜥ-ms n Kꜣḫꜣ

12,1 pꜣ ꜥḥꜣy n ꜥꜣ-nḫtw ḥnꜥ(?) pꜣyf mḥr n Pn-

nt

13,1 pꜣ ı͗wtn nt r gs pr ḥꜥtı͗ n ntn Wꜣḏ-ms n mḥ V wsḫt VI

Ꜣyf šꜣꜣt ı͗mꜥ 14,1 ntı͗ nf r dbw ꜥwtı͗y [...]

.....] II ntı͗ m pꜣ ḫnw dwyw 15,1 n Tꜣ-qmy Ꜣꜣ ḥmt

Ḥwy rdd mtw n r mdt ı͗w ḥr ꜥ n sḫt [mtwn] šwrwn m ḫ3yn pš

„1 Am 26sten Phamenot des Jahres VIII, an diesem Tage (fand) das Verhör des Ḥ3y, Sohnes des Ḥwy, (statt) in Sachen 2 der Grabplätze seines Vaters, welche seinen Kindern an [diesem] Tage gegeben worden waren, nämlich[90]:

3 Die ḥbt, welche neben der ỉsbt liegt, dem K3ḥ3: 1 (Stück) (Länge) 7 Ellen, Breite 3 (Ellen) 4 Spannen.

4 Die ʿt, welche neben dem ḫnw liegt, dem Ḥwy: 2 ....?... 13 Ellen, Breite 8 (Ellen) 3 Spannen ..?... 7½ (Elle) (Breite) 8 (Ellen) 3 Spannen.

5 Der Boden, auf welchem sich seine št3yt sich befindet: 1 (Stück) (Länge) 6 Ellen, Breite 6 (Ellen)

6 Die ʿt dem ʿ3-nḫtw. (Länge) 7 Ellen, Breite 7 (Ellen) 3 Spannen*

7 Die Pyramide dem Schreiber Rʿ-ms und K3ḥ3[91]: (Länge) 9 (Ellen), Breite 6 (Ellen).

8

II.

Man verteilte an sie am 26sten Phamenot des Jahres VIII:

9 Die ʿt, welche neben dem ḫnw liegt, an Mniw-ḥʿp und die Thebanerin Grg, zu 2 Teilen 10 mit ihrer št3yt von 13 Ellen (Länge) und 8 (Ellen) 3 Spannen Breite. Die ʿt von 7½ Ellen (Länge) und 8 (Ellen) 4 Spannen Breite.

11 Die ḥbt mit der Pyramide an Rʿ-ms und K3ḥ3.

12 Der ỉḥ3y an ʿ3-nḫtw und sein Magazin an Pn-nt.

13 Der Boden, welcher bei dem Haus des Stadtfürsten liegt

* In welcher Beziehung das nebenstehende „(Länge) 8 (Ellen) Breite 3 (Ellen)" zu der Hauptzeile steht, ist mir unklar.

an W3d-ms – (Länge) 6 Ellen, Breite 6 (Ellen), sein ʿl3t darauf | welches er für die Sargkästen [15] bekommen hat. 2 . . . . . ., welche in dem ḫnw liegen und | der T3-gmy, der Frau [des Hwy] gegeben sind, indem sie erklärten: Falls wir wortbrüchig werden, so wollen wir [16] | hundert Hiebe haben und unseres Anteils verlustig gehen".

Das Verständniss dieser Klagschrift – denn mit einer solchen haben wir es zu thun – wird, abgesehen von der empfindlichen Lücke der ersten Zeile[92] durch den unklaren Styl[93] des Verfassers so erschwert, dass es mir nicht gelungen ist, unser Schriftstück in allen Teilen zu verstehen. Doch scheint mir der Inhalt in den wesentlichsten Zügen folgender: Hwy hatte seiner Frau T3-gmy einen grossen Begräbnissplatz mit den zugehörigen Grabanlagen vermacht, jedoch unter dem Vorbehalt, dass sie für seine Bestattung und wohl auch für seinen Totencultus Sorge trage; zum Testamentsvollstrecker hatte er seinen Sohn H3y, welcher wohl der älteste seiner Söhne war, eingesetzt. Dieser übergab nach dem Tode seines Vaters seiner Mutter ihr Erbteil; allein T3-gmy kam den ihr auferlegten Verpflichtungen nicht nach. H3y verhielt sich ruhig, und erst nach dem Tode der Mutter, als seine Brüder den Grabplatz übernehmen wollten, ohne sich an die Testamentsclausel zu kehren, machte er den Process vor der knbt anhängig, indem er die hier behandelte Klagschrift einreichte. Am Schluss derselben erinnert er an einen dem seinen ähnlichen Fall, in welchem jedoch ordnungsmässig auf beiden Seiten verfahren war. Vielleicht hatte die Gegenpartei gerade auf die sen Fall hingewiesen, um ihre Ansprüche zu stützen, dabei aber die Thatsachen stark entstellt. Auffallend bleibt, dass H:y nicht schon zu Lebzeiten seiner Mutter, welche sich doch ebenso wenig wie ihre Kinder an die Erbschaftsbestimmungen hinsichtlich des Begräbnisses gehalten hatte, den Process anstrengte. Weshalb dieses unterblieb, deutet das Schriftstück mit keiner Silbe an, obgleich damit den Gegnern eine gefährliche Waffe in die Hand gegeben war. Dass diese mit dem Ausgang des Processes zufrieden sein konnten, lehrt das Verso. Die von dem Vater bestimmte Teilung der Grabanlagen, welche Zeile 1-2 zu Protocoll genommen sind, wurde, wie die folgenden Zeilen beweisen, nur unwesentlich verändert. Jedenfalls gelang es H:y nicht, die Brüder von der Erbschaft auszuschliessen.

Commentar.

Zunächst einige Bemerkungen zu dem Schriftcharacter und der Datierung unsres Documentes.[94] In der Erwähnung eines Königs Amenothes ist für uns der terminus post quem gegeben, und ein Blick auf die von Erman[95] zusammengestellte Schrifttafel, für welche auch unser Papyrus benutzt ist, zeigt uns, dass wir die Abfassung desselben in die XVIIIte Dynastie zu setzen haben.

Das Recto weist nicht wenige Flüchtigkeiten auf. Abgesehen von dem fehlerhaften nb nfr (Zeile 11), welches sich auch in anderen Handschriften durch über- oder unterzählige — sit venia verbo! — Striche auszeichnet, fehlt ab und zu das Determinativ 𓀀, so Zeile 5 und 10.[96] Daneben findet sich z. B. in [hieroglyphs] (statt [hieroglyphs]) und 2.8/9 eine Dittographie. Zu den Eigentümlichkeiten der Hs. gehören die ganz überflüssigen Pluralstriche[92] hinter [hieroglyphs] und die seltsame Schreibung von

irm [hieroglyphs]

Wie diese Gruppe aufzulösen ist, lehrt die vor allem in späten[98] Hs. beliebte Schreibung [hieroglyphs] für [hieroglyphs], welche offenbar einer kalligraphischen Rücksicht[99] ihr Dasein verdankt und möglicherweise für eine bestimmte Schreiberschule charakteristisch ist. [hieroglyphs][100] ist also zu umschreiben. Fassen wir übrigens einmal ins Auge, wie verschieden das in dieser Gruppe sich zweimal findende Determinativ [hieroglyphs] gegeben ist, so liegt der Schluss nicht zu fern,[101] dass wir es hier mit einer wenig ausgeschriebenen Hand zu thun haben, worauf uns ja auch der ganze Character dieser Handschrift führt mit ihren schwerfälligen, oft absetzenden Linien.

Dazu steht die Cursivschrift des Verso in denkbar schärfstem Contrast. Während wir die erste Seite mühelos lesen, bieten diese leicht hingeworfenen und vielfach ligierten Federstriche nicht geringe Schwierigkeit. Wir haben hier offenbar die Handschrift eines Kanzleischreibers, vielleicht eines [hieroglyphs] „Gerichtsschreibers"[102] vor uns. Eine recht sonderbare Form hat die hieratische Gruppe für [hieroglyphs],[103] dass man fast an eine Verwechslung mit [hieroglyphs] denken möchte. So viel über den Schriftcharacter, welcher meine Auffassung über das Verhältnis von Recto und Verso durchaus bestätigt.

Recto.

Die Lücken der ersten Zeilen lassen sich bis auf den Eigennamen der dritten mit einiger Sicherheit ergänzen. Übrigens geht aus den sicheren Ergänzungen des Recto und des entsprechenden Verso hervor, dass in der Publication die Lücke zu gross gegeben ist.

2.1. — 3ḥt n krs ist nach Zeile 10/11 ergänzt. Im folgenden steht 3ḥt kurz für diesen Ausdruck, wie ỉst häufig für ỉst krs (P. Abbott. 3/4)

2.7 — Überaus beachtenswert ist die Schreibung der Negation [hieroglyphs], die in der hier gegebenen Form das m aufweist, welches in dem entsprechenden koptischen ⲘⲠⲈ enthalten ist.(104) Ich kenne diese Form nur noch aus zwei Ostracis des Brit. Museums.(105)

2.8. — Für die Verbindung von [hieroglyphs] grw mit folgendem Personalpronomen hat Goodwin(106) die Bedeutung „to the satisfaction of ......" zu ermitteln gesucht. Allein diese Deutung ist angesichts der folgenden zum grössten Teil auch schon von G. citierten Beispiele aufzugeben, aus denen meiner Ansicht nach deutlich hervorgeht, dass diese Verbindung das Subject des Satzes nachdrücklich hervorhebt.

Pap. Mayer. B. 2.5-6. sagen zwei Diebe, welche ihren Genossen zurückzuhalten suchen, einen Diebstahl anzuzeigen:

[hieroglyphs]

ỉwn ỉt3y nk p3 gmt ỉs mtwk ỉn nk grw

[hieroglyphs]

mntk

„Wir nehmen das Gefundene zu dir, aber bringe auch du deinerseits!"

in nk lässt zwei Übersetzungen zu: „bringe" und „hole dir"[102], der Zusammenhang entscheidet jedoch für die erste Bedeutung, und damit wird Goodwins Übersetzung „to thy satisfaction" hinfällig.

Ebenso klar ist die Bedeutung Pap. Sall. I/3-4

iwf nk Wbḫt t3yst šri iw ˁ3-pḥti p3-

yf šri nk Wbḫt grw mntf

„Und er beschlief Wbḫt, ihre Tochter, und sein Sohn ˁ3-pḥti beschlief die Wbḫt seinerseits." (oder besser „ebenfalls")

und in dem von Maspero[108] veröffentlichten Papyrus des Louvre[109], in welchem der Schluss folgendermassen zu lesen und zu übertragen ist:

(sic) sic

m ir nny dr mntk ptri nkt ih rhk

sw

„(Du weisst nun, dass die Mš3w3š3 in bester Ordnung sind, so) sei auch du deinerseits nicht lässig! Pass auf! Merk dir das!"

Auch die schwierige Stelle Pap. Anast. V 12/5 ff. lässt die vorgeschlagene Deutung zu:

ir P3-rˁ-Ḥr-3ḫwti hr dt iryk ˁḥˁw k3 iwk m t3 ist n

p3yk itf imn grw mntk Pr-ˁ3 ˁnḫ, wd3, snb. grw mntk

Vielleicht hat der Schreiber[110] hinter grw ein Wort ausgelassen. Jedenfalls ist der Sinn des ganzen Satzes klar: „Möge

P3-rʿ-Ḥr-iḫwti dir ein langes Leben verleihen, indem du in der Stellung deines Vaters bist," und mögest du auch deinerseits (ebenso wie dein Vater) die Gnade des Pharao finden."(111)

Dieselbe verstärkende Bedeutung haben wir auch ganz deutlich an unsrer Stelle. Wörtlich ist zu übersetzen „ihre Kinder haben ihrerseits nicht bestattet", doch geben wir einen solchen Satz besser positiv durch „ebenso wenig" wieder.

Zu dem Pronomen personale vgl. Sethes Bemerkungen (Ä.Z. 1891. p.121) Die Form [hieroglyphs] mntśt für die 3te Person plur. kann ich sonst nicht belegen.

Z.11. — Ob ich ḫrwś hier richtig gefasst habe, bleibt zweifelhaft. Jedenfalls kann ich ḫr in der hier gebrauchten Bedtg. ohne Suffix nicht belegen.(112)

Z.13 — Der Name S3-w3dyt findet sich auch auf einem Ostracon des brit. Museums(113)

Z.15. — Das vor (?) śtnï stehende m ist hier emphatisch gebraucht und gewiss gut am Platz. (ganz ähnl. Sallier I 2/5)

Verso.

Z.1. — sḏm r ist term. techn. für das „mündliche Verhör".(114)

Z.2 — Hinter m-ḫ3rw ist wohl pn ausgefallen.

Z.1 — Das nïy der Verbindung [hieroglyphs](115) nïy ḫswt ist das prototyp des kopt. ⲚⲀ „die von" und vor allem als Bildungselement des Possessivpronomens bekannt. Der Possessivartikel mit folgendem Substantiv ist im N.R. ziemlich selten und meines Wissens bisher noch nicht belegt. Ausser unserer Stelle citiere ich Pap. Brit. Mus. 10335(116) nꜣy dmit „die Dorfleute"

nꜣy 𓇋ꜣ ḥt „die Leute des Tempels" (P. Harris[112] 29/3, 32a/8)

nꜣy pꜣ ḫr „die Leute der Necropolis" (P. Turin 35/1.1)

In den beiden letzten Beispielen ist das abhängige Substantiv determiniert, wie es stets im kopt. der Fall ist.[118] In nꜣy iswt steht nꜣy neutral wie ~~nach~~ im kopt ΝΑΠΟΥΡΟ „was des Königs ist". Die Übersetzung „in Sachen der Plätze" dürfte den Sinn gut treffen

Die von mir im folgenden nicht übersetzten Worte ḥbt, ꜥsbt, ꜥ-ḥꜣyt, šꜥꜣyt[118a] bezeichnen nach dem oben[119] bemerkten besondere Grabräume des „Begräbnisplatzes". Unter ꜥt und ḫnw mögen auch hier die Arbeiterwohnungen der Necropolis von Theben verstanden sein.

Wie die sehr häufige[120] Gruppe aufzulösen ist, zeigt am besten Pap. Harris 52/a.11:

„Eine grosse[121] Platte aus getriebenem Silber von 1 Elle 6 Spannen (Länge) und 1 Elle 1 Spanne 3 Finger Breite".

Seltener als diese Schreibung ist die sich gleichfalls in unserem Papyrus findende Variante[122], welche nicht etwa ~~in~~ oder nꜥ mḥ zu umschreiben und durch ΝΑ „ungefähr" zu erklären ist.

Die vierte Zeile würde uns ohne die entsprechende Zeile 10 kaum verständlich sein, allein mit Zuhülfenahme dieser Zeile lässt sich immerhin ein Entzifferungsversuch wagen. Denn da die Massangaben der vierten Zeile und mit der Parallelstelle sich decken, so dürfen wir auch für die sonstigen Glieder der Zeile nach einer Congruenz suchen. Dem __šḳ:yt n mḥ XIII__ dürfte also

III ḫ. [illegible]

und dem __ś: ʿt n mḥ VII ½__ das rätselhafte [illegible] entsprechen. Die letztere Gruppe ist in der That zur Hälfte der ihr gegenübergestellten identisch, denn man hat offenbar [illegible] = VII ½ zu setzen, allein [illegible] bleibt mir ebenso unverständlich wie die zuerst citierte Gruppe.(123)

Z. 8. — Zu der Construction __pš n__ vgl. __H. T.__ XIV/2-3. __Pap. Turin__ 22/1 und das unten behandelte __Ostracon der Bibl. Nat.__

Das Datum ist wohl in obiger Weise zu berichtigen. Für die nebenstehende Ziffer II, welche sich vielleicht auf den zweiten Teil der Niederschrift bezieht, verweise ich auf die Inhaltsangabe.

Z. 15-16. — Der Schluss enthält eine juristische Formel, die sich fast wörtlich auf einem Ostracon(124) wiederfindet:

[hieroglyphs]

__[mt]wî pnʿ r mdt imf îwî ḥr C n sḫt__

[hieroglyphs]

__šwḳ(wî) m pš__

„Wenn ich mich wende, um dagegen(125) zu sprechen, so will ich 100 Hiebe haben und des Anteils verlustig gehn"(126)

Ein Stück dieser Formel enthält das weiter unten mitgeteilte Turiner Fragment.

Der hier behandelte Papyrus ist nicht das einzige Schriftstück des neuen Reiches, welches sich auf die Verteilung von Grabplätzen der Necropolis bezieht. Ein hierhergehöriges Ostracon des britischen Museums ist bekannt(127). Ich möchte ein anderes Document anschliessen, dessen Bedeutung bislang nicht erkannt worden ist, einen Kalkstein der Bibl. Nat., welcher von Ledrain(128) nicht gut veröffentlicht worden ist.

---

1 ḥtp(129) n pš pꜣ wḏꜣ n Nṯ-imntï n 2 sꜣ.f ist ḥ-

nꜥ(1) Ḥnt-dwꜣw

3 wḏꜣ I ỉr n pš II ntï ỉmf šꜣꜥ.t I m ḫꜣw mi pꜣ dwꜣw

ỉwsꜣ pš II mi ḳd pꜣ wḏꜣ ꜥḳꜣ

---

5 ḥtp n pš ꜣs šꜣꜥ.t m pš II ntï n rmṯ ỉst Nṯr-

ḥtp wsḫ.t ntï n ꜥnḫ nw nt Ḥt-ỉỉ wsḫt I n Imn-

m-int ḥnꜥ Mꜣꜣ-nï m pštw n ṯꜣyw mt m pš

8 wḏꜣ n ḥnï ỉw rmṯ ỉst Nṯr-ḥtp ḥr ḏd ꜥwꜣ pš m ꜣs

9 snḥ Ḥt-ỉỉ ỉwsꜣ ḥr ḏd nï bn sw ḥr mdn mdï

Übersetzung:

„1 Inventaraufnahme über die Verteilung des wd: des Nb-ìmntì 2 an seine Tochter Isis und Hnt-dww:
3 Eine wd: : macht 2 Teile. Darin befindet sich: Eine in den Berg gehauene(?) st:t,4 welche 2 Teile enthält genau wie der wd:".

„5 Inventaraufnahme über die Verteilung der st:t zu 2 Teilen — und zwar gehörte dem Arbeitsmann Nfr-htp eine wsht 6 der Thebanerin Ht-ìì eine wsht — 7 an ìmn-m-ìpt und M::-nì 8 als Erbe ihrer Mutter bei der Teilung 9 einer wd: n hnì. Und der Arbeitsmann Nfr-htp gab seinen Anteil zu dem seiner 10 Schwester Ht-ìì, und sie sagte mir: ...."

Commentar.

Der Character des Schriftstückes erklärt den Notizenstyl, denn wir haben es hier vielleicht mit einer vorläufigen Niederschrift über die Verteilung verschiedener Grabstätten zu thun. Es handelt sich um zwei von einander völlig unabhängige Fälle, die auch das Schriftstück durch einen Absatz trennt. Irre ich nicht, so hatte der mit der Ordnung der beiden Vermächtnisse betraute Schreiber auf unserem Stein kurz alles Wissenswerte notiert, um auf Grund dieser Notizen das officielle Schriftstück aufzusetzen. Für uns hat freilich diese Kürze den grossen Nachteil, dass wir hier und da gezwungen sind, zwischen losen Worten die Verbindung zu suchen.

Die verschiedenen Bezeichnungen der Grabstätten sind nicht

sicher zu übersetzen, so dass ich es vorgezogen habe, in der Übersetzung die aegyptischen Worte stehn zu lassen.
Die Lesung und der Sinn von [hieroglyph] sind zuerst von Dümichen[129] erkannt.
Für unsere Stelle mag man die ganz ähnliche Überschrift eines Turiner Papyrus[130] vergleichen:
[hieroglyphs]
ḥtp n pš n3 ỉḫt p3 ḫr
„Inventaraufnahme über die Verteilung der Nekropolengegenstände"
Der Name Ḥnt-dww ist auch sonst[131] nachweisbar.
ntỉ ỉmf schliesst nicht an pš II an, sondern nimmt das folgende voraus. Die gleiche Construction findet sich Zeile 5 und 6.
Zu ᶜḳ3 „genau" vgl. Pap Mayer I/5:
„(Die Diebe wurden gefoltert) [hieroglyphs] r rdt ḏdw p3 sḫr ỉỉrw ᶜḳ3 „um sie genau sagen zu lassen, in welcher Weise sie vorgegangen waren."[132]
Die Gruppe im Anfang der vierten Zeile ist verwischt. Auf dem Original glaubte ich die folgenden Spuren zu erkennen:
[hieroglyphs]
die vielleicht [hieroglyphs] p3 dww zu lesen sind. Schon auf Grund dieser Unsicherheit bleibt es mehr als zweifelhaft, ob unter der št3t m bḫw m p3 dww ein in den Berg gehauener Grabraum zu verstehen ist.
ỉwst pš II ist eine Ellipse für ỉwst ỉr pš II.
Wie es scheint handelt es sich hier um einen wḏ3, welcher unter die beiden Töchter verteilt wurde. Dieser wḏ3 enthielt wieder eine št3t, welche ebenso wie der erstere Begräbnisplatz unter

beide Teile gleichmässig verteilt wurde.
Ebenso liegt der Fall bei der zweiten Teilung. Auch hier handelt es sich um den wḏꜣ mit šꜣ:t, die in zwei Teile zerfällt, hier wsḫt genannt. Die Construction ist recht verwickelt, der Hauptsatz ist durch eine Parenthese in zwei Hälften geschieden, und auch sonst macht der schwerfällige Styl zu schaffen. Die beiden fraglichen Stücke, welche dem Nfr-ḥtp und der Ḥ.t-ỉỉ gehörten, gehen in den Besitz des Imn-m-ỉpt und der Mꜣꜣ-nỉ über, und zwar durch ihre Mutter. Ich glaube kaum mit der Annahme zu irren, dass diese Mutter die ~~oben~~ erwähnte Ḥ.t-ỉỉ war, welcher ihr Bruder Nfr-ḥtp sein Teil übergab. So war die Teilung des šꜣ:t, welches in 2 wsḫt zerfiel, unter die 2 Kinder ermöglicht. In Zeile 8 ist der absolute Gebrauch des Artikels bemerkenswert.
Die Schlusszeile bleibt dunkel.(133) Ausser dem noch nicht ganz aufgeklärten mdn erschwert vor allen Dingen der Umstand das Verständnis, dass der Schreiber die zuerst verwechselten Pronomina später änderte, ohne die alten Spuren zu tilgen.(134) Die oben gegebene Lesung ist nur ein Versuch die Stelle zu verstehen. Fast scheint es mir, als ob Ḥ.t-ỉỉ dem Schreiber des Ostracons noch eine weitere Erklärung über die Schenkung ihres Bruders machte.

Im Anschluss an diese Texte wird auch ein kleines Fragment verständlich, welches mir Prof. Maspero in liebenswürdigster Weise zur Verfügung stellte. Es entstammt der Turiner Sammlung und weist die zierliche Cursive der XIX ten Dynastie auf.

Ich begnüge mich damit, den Originaltext und die Umschrift mit einigen Bemerkungen mitzuteilen. Denn eine fortlaufende Übersetzung ist bei dem fragmentarischen Zustande des Textes, von welchem mehr als die Hälfte fehlt, nicht gut möglich. Allein wie ich oben andeutete, mit Hinzunahme der soeben commentierten Texte ist der Sinn des Ganzen klar.

Hieratischer Text nach Masperos Copie.

Umschrift:

1/1 ....

1/1 .... tw pꜣ VI ....

2/1 ....

2/1 ..... wḥmw tꜣ ꜥst pꜣyst iṯf ....

3/1 ....

3/1 .... i gr Nḫt-Mni ....

4/1 ....

4/1 .... mn ist iw pꜣ ky ....

5/1 ....

5/1 .... m pꜣ pꜣ mr ntï m tꜣ cḥꜥt ....

6,1 ....

6,1 .... p3 mr ntỉ r gs t3 št3yt ......

7,1 ....

7,1 .... Nbt-Mnỉ t3 št3yt nt ....

8,1 ....

8,1 .... p3yw ḥ.?.?. m dd. ....

9,1 ....

9,1 .... ỉw šw m p3[135]

Möglich, dass auch die Fragmente eines Wiener Papyrus[136] hierher zu ziehen sind. Dass alle diese Documente durch einen Vergleich mit den demotischen auf die Necropole bezüglichen Papyrus ein erhöhtes Interesse gewinnen, lehrt schon ein Blick in Revillouts „Une famille de paraschistes et taricheutes thébains."[137] Mich würde eine Hinzunahme der einschlägigen demotischen Litteratur zu weit vom Thema entfernen.

Ich möchte hier einige Bemerkungen über die Stellung des Pharao zur Knbt anschliessen, wovon am Schluss des Recto des Bulaquer Papyrus die Rede ist. Schon auf Grund der Notizen Diodors[138], welcher in dem juridischen Abschnitt seiner Erzählung auch für die älteren Epochen der aegyptischen Geschichte einigermassen zuverlässiges Material liefert, dürfen wir annehmen, dass von einem Einfluss des Pharao auf unsere Behörde nicht die Rede sein kann. Diese Annahme wird durch eine bisher missverstandene Stelle eines Turiner Papyrus[139] bestätigt, in welchem der König nach Hervorhebung seiner Verdienste um den Cultus so fortfährt:

ir iꜣdt iirwi m knbt. [iw hipw] mn . iw bw

irtw sḫꜣ ipwt . iwi grk(wi) r sꜣti shrw . r

dt nhꜣm m rš'wt .

„Und wenn ich vor der knbt war, so war das Gesetz fest. Nicht machte ich Entscheidungen rückgängig, sondern ich schwieg angesichts der Sachlage, um Jubel und Freude hervorzurufen."(140)

Der König rühmt sich also, keine Cabinetsjustiz geübt zu haben. Nun wissen wir aus den Akten des Processes der Gräberdiebe(141), welcher vor der knbt verhandelt wurde, dass diese die Schuld der Angeklagten festzustellen suchte, während dem Pharao die Strafbestimmung zustand.(142) Damit ist die Beziehung des Königs zu unserer Behörde klar gestellt.

Wichtige Aufschlüsse erhalten wir auch durch den Brief eines Bologneser Papyrus.(143) Da ich von den früheren Bearbeitungen(144) in vielen Punkten abweichen zu müssen glaube, gebe ich die fragliche Stelle in Umschrift und Übersetzung. Nach den üblichen Eingangsformeln schreibt „die Sängerin des Thot Škt(145)" dem, Diener Imn-h'w" folgendes:

mk hꜣbk ni r dd iirt hꜣ' pꜣ rmt r

nfrw ni r bi͗nr hr iḥ istw tw irwk p3 iddf

bn inwk s3-ḥmt istw iwi dwnt p3 ddk ir p3 dd i-

irk iwtwf r š3c min3 iwk im mdf istw tw irk

it3f r t3 ḳnbt mtwk dd rwitw p3yi cnḫ

ḥtf spr t3yi šct rk iwk hr šmt irmw

šwyt cpr-bcr mtwk dd rwitw p3yf

cnḫ mtwk thtwf mtwk dd irytw nf cḳw mk sw

iw r š3c min3 iryf swnw ni r dd b-

w iri t3y

„Siehe du hast mir geschrieben: Weshalb hast du den Menschen laufen lassen? (etwa) um mir zu nützen(?)? Hast du nicht gethan, was er gesagt hat? Doch bin ich nicht ein Weib? Und doch führe ich aus(?), was du gesagt hast. Anlangend, dass du ihn bis hierher kommen liessest und mit ihm zusammen warest, hast du ihn nicht vor Gericht geladen? — So mache nun meinen Eid rückgängig. Wenn du (nämlich) meinen Brief empfängst und mit dem Kaufmann cpr-bcr zusammen gehst, so mache seinen Eid rückgängig. Dringe in ihn und lass ihm Lebensmittel geben. Denn siehe, er kommt hierher und wird mich dann zu besänftigen suchen, indem er sagt: Ich lade dich nicht vor."

Commentar.

h3c r bnr ist das kopt. ⲕⲱ ⲉⲃⲟⲗ „dimittere".
r nfr ni mag einen anderen Sinn als den oben gegebenen haben und möglicherweise mit dem [hieroglyphs] der Wnisinschrift (2.19-21. 2.35) in Beziehung zu setzen sein. Das kopt. verwendet in der von mir angenommenen Bedtg. ⲉⲩⲛⲟⲩϥⲣⲉ ⲉ.(146)
Linckes Lesung [hieroglyphs] mi ik ist unmöglich, eine Textverbesserung aber unbegründet, da die Stelle ganz verständlich ist.
dt rwi p3 cnh übersetzt Chabas durch „différer le serment" und L. ist ihm in dieser Auffassung gefolgt. Allein rwi hat ebenso wie das entsprechende kopt. ⲗⲟ die Bedtg. „aufhören". dt rwi p3 cnh heisst also nichts Anderes als, den Eid aufhören lassen" d.i. „ihn annullieren oder rückgängig machen".
Den Namen des Kaufmanns hat Chabas und mit ihm Lincke verlesen, die Lesung cpr-bcr (עפרבעל) ist sicher. Der Name ist in so fern bemerkenswert, als er sich aus einem aegyptischen Verbum und dem semit. Gott בעל zusammensetzt.(147)
[hieroglyphs] ik habe ich als var. des bekannten [hieroglyphs] ikh gefasst. Den Lautübergang von h zu i, kenne ich nur noch aus den Varianten des Setnamens, [hieroglyphs] Swth und [hieroglyphs] Swti.(148)
Am Schluss des Briefes ist b3y aus dem kurz vorher stehenden term. techn. b3y m b3 knbt(149) abgekürzt und danach in der angegebenen Weise zu übersetzen.

Verstehe ich recht,[150] so hatte die Schreiberin des Briefes von dem Adressaten den Auftrag erhalten, den Kaufmann ʿpr-bʿr — aus welchen Gründen, erfahren wir nicht — in den Anklagezustand zu versetzen, und es auch gethan gegen die Erwartungen des Schreibers, der wohl in seinem ersten Schreiben auf das „Varium et mutabile semper femina" angespielt hatte. Denn darauf mag sich die ironisch gefärbte Frage „Bin ich nicht ein Weib?" beziehen. Allein er selbst scheint schwächer gewesen zu sein, als das Weib, denn bei seinem Zusammensein mit ʿpr-bʿr gab er den Gedanken einer Klage auf, offenbar nicht gegen den Willen der Schreiberin, welche den Imn-ḫʿw auffordert, den Angeklagten auf alle mögliche Weise zur Rückgängigmachung des Processes zu bewegen. Wie das geschah, darüber giebt uns dieser Brief einen bemerkenswerten Aufschluss, der uns gleichzeitig auch über die Einleitung des Processverfahrens unterrichtet. Es scheint, dass ähnlich wie im attischen Process[151] beide Parteien vor dem Termin einen Eid leisten mussten, dessen Formulierung wir nicht kennen. Nur durch Lösung dieses Eides konnte der bereits instruierte Process annulliert werden.

In einem andern schon oben citierten[152] Brief, in welchem über einen entlaufenen Bauern berichtet wird, schreibt Bk-n-ḫnsw dem Rʿ-ms, dass er erst, nachdem sein Versuch gescheitert sei, durch den Vezier zu seinem Recht zu gelangen und sich auch der [153] ḥri s3ḳt geweigert habe, den Bauern auszuliefern, an den Rat appelliert habe.

twi ḥr dd ỉrmf m t3

Ḳnbt ˁ3t „ich spreche mit ihm vor dem grossen Rat", schreibt er dem Adressaten.

Über einen anderen Fall, mit welchem sich die Ḳnbt zu befassen hatte, berichtet ein Brief(154) folgendes:

[1] [r ḏd] ḥnˁ ḏd r ntỉ stmrỉ p3 ḥ:b ỉrwk ḥr t: mdt

r md:yw Nḫt-St [2] [ỉw] md:yw Nḫt-

St m p3 ḫ3yt ỉwt sḫt m p3 ḫt ỉwf

mỉ ḫr [3] nb n p3-Rˁ wnn ỉmn ḥr dỉt ˁnḫỉ r ỉỉt r

Ḳmˁ ỉwỉ ḥr ỉntwf mtwỉ ˁḥˁ [4] ỉrmwk mtwỉ ptrỉ

p3 š3w r ỉrf nf mtwtw r ỉrf

„[1] Mitteilung: Ich habe gehört, was du über die Affaire des Gendarmen Nḫt-St geschrieben hast. [2] Der Gendarm Nḫt-St wurde verhaftet(?), und er schlug mit dem Stock und benahm sich wie jeder Feind [3] des Rˁ (d.i. wie jeder Schurke). Wenn Amon mich lebend nach dem Süden gelangen lässt, so werde ich ihn vor die Schranken führen, damit er mit dir vor Gericht steht. [4] Ich will schon sehen. Man wird das Nötige veranlassen."

Commentar.

Das Verständniss dieser Stelle ist bislang vor allem daran gescheitert, dass man die term. techn. am Schluss nicht richtig gefasst hat. int ist nämlich term. techn für das Vorführen der Angeklagten und ꜥḥꜥ irm die Abkürzung des bekannten ꜥḥꜥ irm m ḏꜣ Knbt „mit jemd. vor Gericht stehen".
Zu ḥꜣyt „Verhaftung" vgl. meine Bemerkungen Ä.Z. 1891. p. 80.
Ob ich der ganzen Phrase jedoch den obigen Sinn unterlegen darf, muss dahin gestellt bleiben. Zu der Construction würde sich Pap. d'Orb. 14/2 : [hieroglyphs] iw ḥꜥ.f m pꜣ gꜣnn vergleichen lassen, wenn hier nicht die von Sethe[154] vorgeschlagene und mir durchaus wahrscheinliche Conjectur in Kraft tritt.
Der Artikel in pꜣ ht bezeichnet den bekannten Stock, welchen der mdꜣy als Sicherheitsbeamter ebenso wie der šꜥtꜣt[155] führte.
iw.f r sḏm in futur. Bdtg. nach einem Temporalsatz ist sehr häufig.[156]
Vermutungsweise möchte ich bemerken, dass Kmꜥ hier vielleicht gleich [hieroglyphs] nt Kmꜥit (d.i. Theben[157]) steht.
Die Phrase pꜣ bꜣ.w r ir.f n.f mtw.tw r ir.f kehrt Z. 7 genau so wieder nur mit Personenwechsel. „Das geeignete, um es zu thun, wird man ihm thun", wo wir etwa sagen würden „man wird das Nötige veranlassen".[158]

Der Inhalt dieses Absatzes ist im wesentlichen klar. Der Schreiber des Briefes hatte den Adressaten — die Namen sind nicht angegeben — mit der Verhaftung eines Söldners[159], namens Nḫt-St beauftragt, mit dem er irgend einen nicht näher erwähnten Streit hatte. Allein erst nach hartem Kampf gelang es, den trotzigen Krieger, welcher sich sehr energisch zur Wehr setzte, dingfest zu machen, und der Schluss des Briefes zeigt deutlich, dass damit noch nicht alle Schwierigkeiten erledigt waren. Der Adressat fürchtet offenbar für sein Leben, und es liegt die Vermutung nahe, dass der gefangene Söldner von seinen Kameraden Hülfe erwartete. Wir hören ja auch sonst von dem übermütigen Gebahren der Söldner; so berichtet eine Stelle der Liverpooler Processakten(160) von dem Raubmord einiger Söldneroffiziere. Das sind die ersten Regungen einer Kriegerkaste, welche sich ihrer Macht und ihres Einflusses bewusst wird, welche sich anschickte, der alten Dynastie das Grab zu graben.

Der Schluss desselben Briefes handelt von einer Sclavenangelegenheit — Näheres erfahren wir nicht — in welcher die Ḳnbt das entscheidende Wort sprechen soll.

Wegen eines unterschlagenen Esels soll die Ḳnbt in dem auf einem Bulaquer Papyrusblatt erhaltenen Brief entscheiden, dessen Transcription und Übersetzung Maspero(161) mitgeteilt hat. Da einzelne Stellen gerade in den für uns in Betracht kommenden Schlusszeilen eine Berichtigung fordern,(162) so glaube ich nichts Überflüssiges zu thun, wenn ich diese noch einmal hierher setze.

Nachdem Dhutmose, der Schreiber des Briefes, den Dieb zu Memphis ergriffen und ihn um Herausgabe des Esels ersucht hat, entgegnet ihm jener:

m ỉr ỉṯ3 r ḏ3 Ḳnbt mk p3 ʿ3t mdỉ ỉs dk

ìwtw r. ṯ3;f ìwì hr ìmt dtf

„Lade mich nicht vor den Rat! Siehe der Esel ist bei mir. Wenn du aber jemanden schickst, um ihn zu holen, so werde ich ihn nicht herausgeben. So sagtest du" fährt der Schreiber fort, „und schworst beim König: Ich werde ihn bringen lassen. Und nun erhebt man den Pachtzins für ihn von mir Jahr aus Jahr ein, während er doch bei dir ist."

Commentar:

Die hauptsächliche Abweichung meiner Übersetzung betrifft den Mittelsatz, welchen Maspero liest und „mais certes n'envoie personne, pour le prendre" überträgt. Allein die Übersetzung ist kaum statthaft.[163] Die ganze Schwierigkeit ist durch einen leichten Transcriptionsfehler[164] entstanden. Im hieratischen mag die erste Gruppe etwa so: Z3 aussehen; umschreiben wir nun , welches ebenso wohl möglich ist, wie , und ziehen dieses zu dem letzten Satz, wie ich in meiner Übersetzung gethan, so ist alles in bester Ordnung.

Für die Übersetzung von šd, welches von Maspero durch „retenir" übertragen ist, verweise ich auf Brugsch: Lex. VII, 1213 und Ä.Z. 1884 pag. 94 ff.

Über einen ganz ähnlichen Fall berichtet ein Brief[165], welcher auf das Ansehen der Knbt nicht gerade das beste Licht wirft. Über die ganze Angelegenheit erfahren wir kurz folgendes:

wꜥt nꜣ sr n nt šms II iw mḥ m ꜣtꜣ ꜥꜣt idt ni

iwi nḫt rrw iwi nḥmws

„Die Stadtrichter(168) sandten 2 Diener, welche die Eselin ergriffen, die du mir gabst. (Aber) ich war stärker als sie und nahm sie weg".

Trotz dieser Widersetzlichkeit gegen die Staatsgewalt nahm die Sache einen guten Verlauf, da unser Schreiber sich mit seinem Gegner gütlich abfand.(166a)

Hierher gehört auch die folgende Stelle,(168) welche dem Verwaltungsbericht eines Schreibers entnommen ist:

Rnpt VII ibd I prt XIV+x hrw pn irt knbt n idnw Ḥri n tꜣ

ḥt m pr n imn ḥnꜥ ꜥn ḳd Pn-Tꜣ-wrt n pꜣ ḫr

dw ni idnw Ḥri wꜥt ꜥꜣt . . ? . ḥnꜥ ꜣtꜣyst sꜣ-

ḳꜣt iw nꜣ šms ꜣtꜣt ii r dd imntw ḥft m rnpt

iwi in wꜥ pḥt-ꜥꜣt md ꜥn nt imn-ḥtpw iwi dt st

niw

„Im Jahre VII am 24+x^ten Tybi, an diesem Tage Process(168) gegen den Wekil des Tempels auf dem Gut des Amon Ḥri und den Umrisszeichner der Necropolis Pn-Tꜣwrt. Mir gab (nämlich) der Wekil Ḥri eine . . . . . Eselin mit ihrem Jungen. Und die

Diener des Veziers kamen und sagten: Bezahle die jährliche Pacht! Da holte ich eine Phteselin(?) von dem Rechnungsschreiber imn-ḥtpw und gab sie ihnen."

Commentar.

irt knbt n, das ich sonst nicht belegen kann, heisst wörtlich „für jemd. knbt machen" d.i. „jemd. vor die knbt laden" und dann wohl allgemein „gegen jemd. processieren". Der (kurze) Infinitiv ist für den Notizenstyl characteristisch. Über den Sinn des gleichfalls kurzen Ausdrucks ḥft m rnpt kann an dieser Stelle kein Zweifel bestehen. Was [hieroglyph] hier heissen soll, ist mir unklar; vielleicht wird damit eine besondere species von Eseln bezeichnet.

Es handelt sich wohl auch in diesem Schriftstück um irgend welche Unregelmässigkeiten bei der Zahlung der Pacht für eine Eselin, und die knbt hat in dieser Angelegenheit zu entscheiden.

Der Bericht über einen Process des Schreibers Ꜣn-n3-n3 mit der Frau des Schreibers Hꜥpi[169] ist derartig verstümmelt, dass sich mit Sicherheit kaum etwas Näheres ermitteln lässt. So bleibt auch ganz zweifelhaft, welche Rolle der erwähnte [hieroglyph] ḥꜥti spielt. Nach den Schlussworten will es fast scheinen, als ob der „Fürst" die Strafe nach dem Gutachten der Frau bestimmt habe.[170]

Überaus wichtig sind für uns die flüchtigen Notizen(?), welche ein Schreiber offenbar während der Gerichtsverhandlung auf der Rückseite seiner Palette vermerkt hat. Die erste Notiz bezieht sich auf den Gegenstand der Verhandlung:

rdyti m hr hrïtsry Mn-hpr r šd nȝn tpyw

nt hr bior md nin nmh gmy m pr nti r ht i-

ri imn-m-hꜥt

„(Auftrag) gegeben an den Obersten der Winzer Mn-hpr, um die Tpyfische, welche in dem bior sind, von den Armen zu erheben, die(?) auf dem Gut gefunden wurden, welches unter dem Wächter (?) Imn-m-hꜥt steht."

Darunter hat der Schreiber die Entscheidung des Gerichtshofes in dieser Sache notiert:

dd ȝ: Knbt stmy r nti Mn-hpr ꜥdꜣꜥw hnꜥ(?) irif

imn-m-hꜥt

„Es spricht der Rat: Hört! Mn-hpr ist schuldig nebst seinem Genossen imn-m-hꜥt."(?)

Commentar.

Die ersten Zeilen sind ganz in der Form des Notizenstyles gehalten.

Das ti der seltsamen Participialform soll vielleicht nur

die volle Aussprache der im N.R. bereits zu ĕ verschliffenen Femininendung (t)t andeuten. Oder liegt hier vielleicht ein Archaismus verborgen? – [hieroglyphs] 3ḥt rdytï „ein Acker, welcher gegeben ist"(174) ist nicht hierherzuziehen; denn in diesem Ausdruck ist ti wohl mit dem [hieroglyphs] ti des Pseudoparticips identisch.

Die Tpy fische werden auch Pap. Anast. IV 15/3 erwähnt.

[hieroglyphs] ist ἅπαξ λεγόμενον(175). Der Gleichklang mit בור ist wohl nur zufällig.

Der Imperativ plur: stmy ist ein Archaismus der juristischen Texte. So findet er sich im Pap. Berl. 47, in welchem er wie hier die Worte der Knbt einleitet, und ganz ähnlich in dem weiter unten behandelten Decret in demselben Sinne. In der That ist ja y eine der alten Pluralendungen des Imperativs in den Pyramidentexten.(176)

[hieroglyphs](177) ʿd3 w ist term. techn. für das „Schuldig."

Mrḥpr und sein Complice waren also wegen irgend welcher Ungehörigkeit, die sie bei der Einziehung der Steuer begangen hatten, vor Gericht gezogen und schuldig gesprochen.

Vielleicht dürfen wir uns auch die folgende Notiz, welche sich auf dem Verso des Pap. Sallier IV(178) findet, während einer Gerichtssitzung entstanden denken:

[hieroglyphs]

ḥr ḥm ŝtnï biti (Wsr-m3ʿt-Rʿ-stp-n-Rʿ) ʿ.w.s., s3 Rʿ (Rʿ-ms-sw-mry-imn) ʿ.w.s. p3

[hieroglyphs]

k3] ˁ3 n P3-Rˁ Hr-chuti knbt nt h3rw pn

Möglicherweise haben wir hier die Übung eines Schreibers vor uns, welcher sich die Züge dieses in den Akten häufig[180] verwandeten Protocolls zu eigen zu machen suchte.

Einen Fall aus der Thätigkeit unsrer Behörde ausserhalb der Hauptstadt hat uns der erste Brief des Pap. Anastasi VI[181] bewahrt. Der Inhalt ist in Kürze der folgende:

Der Schreiber in-n3-n3 ist von seinem Herrn K3-g3bw auf ein Gut gesandt, dessen Pächter, ein Kapitän, wegen Diebereien[182] verhaftet war, um die in solchem Fall eintretenden Missstände, so gut es ging, zu beseitigen. So gab ihm der Verhaftete seinen Bauern „und dieser pflügte für den Soldatenschreiber P3-nw-ih". Allein unser Schreiber war wohl in seinen Anordnungen nicht umsichtig genug gewesen, oder der im folgenden geschilderte Gegner war ein zu geriebener Spitzbube, denn während der Kapitän seine Haft verbüsste:

iw h3yf ih' h3ˁti iw 'rw mr pr Dw3 bin nb im

„lag sein Gut brach, und der Gutsherr Dw3 that dort alles Böse". Das war aber nur die Einleitung zu seinem weiteren Vorgehen gegen in-n3-n3, welchen er bei einer anderen Gelegenheit recht empfindlich mitnahm. Als nämlich Dw3 in seiner Eigenschaft als Mitglied der Einschätzungscommission auch über die von in-n3-n3 verwalteten Güter Inventar aufnahm, machte er nicht nur das schon erwähnte Gut des Kapitäns um eine Bäuerin ärmer, sondern ins-n3-n3 muss nachdem er seinen Gegner vergeblich vor Gericht geladen, seinem Herrn auch die folgende Hiobspost senden:(183)

ỉwf ḥr ỉṯ3 t3 mrỉ m pr-nbt-ḥtpt. ỉw ỉṯ3-f ḳt ỉw3ỉ3t II ḥrỉ

„Er raubte die Bäuerin aus Pr-nbt-ḥtpt und er nahm mir 2 andere Bäuerinnen fort".

Und nicht genug damit, sandte ihm der Gutsherr nach Erledigung der Inventaraufnahme Leute, um eine Abgabe zu erheben, die ỉn-n3-n3 schon längst dem hierzu befugten Beamten eingeliefert hatte. Jetzt aber riss dem Schreiber die Geduld, und er wusste es durchzusetzen, dass der Process, welcher sich, wie ich oben erwähnt habe, anfangs zerschlagen hatte, zur Verhandlung kam, und mit Befriedigung meldet er seinem Herrn:(184)

ḥr ỉr ḥr s3 snḥ3 ỉw mḥrt n3 rmt mḥ3h n3 srw. ỉw n3 srw ḥr ḏdn-f. ḥ3ʿ n3 rmt m p3 ntỉ nbst ỉm

„Nach der Inventarisierung verhörte ich die Leute vor den Richtern.(185) Und die Richter sagten ihm: Entlasse die Leute zu ihren Herren!"(186)

Allein trotz dieses Urteils setzte Dcw3 seine Räubereien ruhig fort. Die Knbt war offenbar von ihm bestochen worden und ging in ihren Gegenleistungen so weit, dass der Gutsherr es wagen durfte, in ihrer Gegenwart mit einer bewunderungswürdigen Unverfrorenheit die Beweggründe seiner Handlungsweise klar zu legen. Denn nach dem Bericht des in-n3-n3 sagte er diesem selbst vor den Richtern: (187)

iirtw rk hft hr dd ni mb3h n3 srw. hr p3 it3

iruwk ni hbsiy n 13 mri . mb3h p3 mr pr-hd hr-

f . hr ddni.

„Das ist dir geschehen, sagte er mir vor den Richtern, weil du die Kleider der Bäuerinnen dem Vorsteher des Schatzhauses eingeliefert hast.(188) So sprach er zu mir".

Dass unser Schreiber nach dieser Scene in helle Verzweiflung geriet, ist begreiflich genug, und wir können es ihm nachempfinden, wenn er K3-g3bw schreibt: (189)

inwk m p3 nti dbwf m h3ri . dwf iwi mi kdw

rmt . iw in wn mdf hri

„Ich bin wie eine zur Witwe gewordene. Er hat bewirkt, dass ich wie ein führerloser Mensch bin".

Unter diesen Umständen aber gab in-n3-n3 seinem Herrn gewiss einen guten Rat, wenn er ihm empfahl, sich mit seinem Gegner persönlich auseinanderzusetzen, doch ist uns über den weiteren Verlauf dieser Sache nichts bekannt.(190)

Die hier erwähnte Bestechlichkeit, welche ein Symptom des sittlichen Verfalls des Pharaonenreiches ist, steht begreiflicherweise nicht vereinzelt da. Wehe „dem Armen, der verlassen vor der Knbt steht", klagt ein Text jener Zeit(191); nur Amon kann ihn retten, denn „die Knbt bringt ihn ins Elend(2)". Silber und Gold besticht die Gerichtsschreiber und die niederen Gerichtsbeamten.(192) So schreitet auch Ḥr-m-ḥb energisch gegen diesen Krebsschaden der Justizpflege ein, „um die Knbt im ganzen Lande wiederherzustellen."(193) Über die Missstände, welche in dieser Beziehung vor seiner Regierung herrschten, giebt uns die folgende Stelle seines Decretes Aufschluss(194):

ir swt t3 š3yt n ḥd .... [iw] ḥm[.] dt

s3 rf r tm dt šdtw š3y n iḫt nbt md n3n knbt nw

rs mḥ ḫr ir ḥ3ti nb ḥm-ntr nb nti iwtw r stm r dd sw ḥmsw (195)

r irt ip m ḫnw t3 knbt rdyt r ip wrf ʿd3

m3ʿti ims ḫprf rf m bt3 w ʿ3 n ḫrt mk rf ir n ḫni

nn r smnḫ ḥ3p n T3-mri r tm dt ḫpr ky

[r ḥʿt ky]

„Was nun die Abgabe an Silber anlangt, ...
so gewährt meine Majestät Erlass, dass keine Abgabe für irgend einen Process von den Knbt des Südens und Nordens erhoben werde. Jeder Fürst aber und jeder Priester, von dem man hören wird: Er sitzt (zu Gericht), um ein Urteil zu fällen in der Knbt, welche

eingerichtet ist, um zu richten, und er frevelt gegen die Gerechtigkeit in ihr, so soll es ihm zum grossen Capitalverbrechen werden. Das hat meine Majestät gethan, um Aegypten treffliche Gesetze zu schaffen, dass nicht einer [von dem andern bevorzugt werde]"

Commentar.

In der Restitution des Anfangs der 6ten Zeile bin ich Müller gefolgt, auf dessen scharfsinnigen Commentar(196) zu unsrer Stelle ich hier besonders verweise.

šd md heisst stets „fordern von", es kann somit kein Zweifel bestehen, dass hier von einer Abgabe der ḳnbt die Rede ist; aber das Nähere entzieht sich meiner Beurteilung. Max Müllers(197) Vermutung, dass die ḳnbt von den Parteien oder der verlierenden ein Honorar forderte, von welchem ein bestimmter Prozentsatz an den Staat fiel, hat jedenfalls viel für sich.

Zu ṯht „Process" vgl. Erman: Ä.Z. 82/10 und Pap. Westcar I/49.

Ich möchte vermuten, dass hier das einander gegenübergestellte hꜥ ti und ḥn-nṯr unserem „Laie" und „Klerus" entspricht.

ḥms ist term. techn. für das „Sitzen"(198) der Richter im Gerichtshof, die Parteien stehen.(199)

[hieroglyphs] ḫrt ist eine Abstractbildung desselben Verbums, aus welchem das Substantiv [hieroglyphs] ḫrw „Verbrecher" der Akten des Hochverratsprocesses(200) gebildet ist.

Im Pap. Abbott(201) fällt die [hieroglyphs] ḳnbt ꜥꜣt n nt über den von einem Collegen verklagten Stadtfürsten das Urteil, indem sie das Schuldig über ihn ausspricht. Ganz sonderbar berührt uns an diesem Verfahren der Umstand, dass der Verurteilte zu den Mitgliedern der Knbt gehört, welche über ihn zu Gericht sitzt. Dasselbe Curiosum, auf welches ich weiter unten noch zurückkomme, findet sich auch in dem bekannten Civilprocess, dessen Inhalt ich nach Ermans[202] Auffassung wiedergebe:

„Nfr-ᶜbw hat ein ihm und seinen Geschwistern gehöriges Grundstück dem Tempel der Mut geschenkt, unter Vorbehalt des Niessbrauchs desselben. Lange Zeit hat er von diesem Rechte keinen Gebrauch gemacht; als er es dann einmal doch geltend macht und einen Anteil an der Ernte fordert, erklärt ihm Wn-nfr, der Prophet der Mut – derselbe, der auch als Richter fungiert – sein Recht sei verjährt. Nun klagt er, sein Besitztum sei ihm genommen und fordert den Ertrag zurück."

In echt orientalischer Weise[202a] tagt die Knbt neben einem Thore, und wiederholt sind uns die Localitäten genauer angegeben. So versammelt sie sich unter Ramses IX „neben den beiden Stelen des .... nördlich von dem Vorhof des Amon an dem Thore: Preis der Weisen sic!"[203] und unter Ramses II „neben: Zufrieden über Wahrheit, dem grossen Thore König Ramses' II, gegenüber dem Amon"[204], jener berühmten Dingstätte, mit welcher ein Dichter[205] das Totengericht der Unterwelt vergleicht.[205]

Wie nun der Vezier in dem [hieroglyphs] ḥ: zu Gericht sitzt, so besitzt auch die Knbt ihr eigenes Gerichtsgebäude, die [hieroglyphs] ᶜry.t[206] oder nᶜyt[207]. Der Ausdruck [hieroglyphs] nᶜyt t: Knbt mit der Variante (=)[308] ist beweisend. Diese Gerichtshalle tritt nun geradezu identisch mit der Knbt auf. So finden wir neben

einem[309] ʿ; n Knbt einen ʿ; nʿyt[310]

neben einem šmsw n t; Knbt[311]

einen šmsw ʿrryt[312]

erwähnt. Eine dieser Hallen befand sich[313] m nt ḳmʿt „in der südlichen Stadt", in dem Quartier Thebens, in welchem sich, wie ich vermute, die Residenz des Königs befand.[314] So mag es nicht ganz zufällig sein, dass die dort liegende Halle „die ʿrʿyt des Pharao"[315] hiess. Das Gerichtsgebäude war nun ebenso wie der ḥ; des Veziers[316] auch zur Aufnahme gerichtlicher Akten bestimmt. Das geht aus der folgenden von dem Herausgeber missverstandenen Stelle der Pariser Lederhandschrift[317] hervor:

m;n ʿnw nti md t; Knbt m nt

p; ʿnw n Twn;	dhriw	I
p; ʿnw n Nfw-ms	dhriw	I
p; ʿnw n iniwhw	dhriw	I
p; ʿnw n Pnhr;	dhriw	I
p; ʿnw n Hʿw	dhriw	I

„Die Schriftstücke, welche bei der Knbt in Theben sind:

Das Schriftstück des Twn3 — 1 Rolle
Das Schriftstück des Nfw-ms — 1 Rolle
Das Schriftstück des ỉnỉwhw — 1 Rolle
Das Schriftstück des Pnki3 — 1 Rolle
Das Schriftstück des Ḥʿw — 1 Rolle."

So lange noch die Umschrift [Hieroglyphen] ḏ:ḏ in Geltung war, war der Weg zum richtigen Verständniss unserer Behörde verschlossen; mit der Lesung Ḳnbt ist wie mit einem Schlage das Eis gebrochen. Wir haben also das Verwaltungsorgan vor uns, welches gemeinhin durch „Beamtenschaft" übertragen wird, eine Übersetzung, welche, wie ich weiter unten zeigen werde, etwas zu modifizieren ist.

Die folgende Skizze soll in aller Kürze Wesen und Bedeutung dieser Behörde klar zu legen suchen, und zwar habe ich hier etwas gegen den Character meiner Arbeit auch jüngeres und älteres Material herangezogen, um das gegebene Bild zu vervollständigen, jedoch habe ich diese Quellen stets als solche gekennzeichnet.

Aus dem Dekret des Ḥr-m-ḥb (218) geht zur Evidenz hervor, dass unser Organ in ganz Aegypten „im Süden und Norden" vorhanden war, und aus sonstigen Berichten wissen wir, dass jeder grössere Verwaltungszweig seine eigene Ḳnbt besass. (218a) Ich habe die folgenden Arten dieser Behörde ermittelt:

I. Die Ḳnbt nt ḫnw „die Ḳnbt der Residenz", (219) welche dem Hofhalt des Pharao zugeteilt ist. Sie bildet den Rat des Königs und erinnert lebhaft an die Mobeds der Heldensagen des Firdusi. (220) Übrigens ist sie für das N.R. nicht sicher belegt (221) und scheint in unserer Epoche nur noch ein totes Glied im Organismus des Hofstaates gewesen zu sein. (222)

II. Die Knbt der Tempelverwaltungen,[222a] welche vor allem aus den späten Tempelinschriften von Edfu und Denderah bekannt und für das M.R. durch die Verträge von Siut belegt ist. Auch für das neue Reich ist sie uns bezeugt; denn wenn ich nicht irre, so gehört die Knbt, vor welcher der Civilprocess unter Ramses II verhandelt wurde, dem thebanischen Amonstempel an. Wenigstens giebt das Streitobject wie die Liste der Mitglieder der Knbt meine Auffassung an die Hand. Denn unter den neun hier aufgezählten Geistlichen[223] gehören sieben dem Amonstempel an. Der an erster Stelle[224] genannte Oberpriester ist als mächtigster Beamter seines Ressorts naturgemäss Vorsitzender dieser Versammlung, ebensowie der Vezier als Haupt der thebanischen Verwaltung der dritten Art der Knbt praesidierte, der

III. [hieroglyphs] Knbt n nt oder [hieroglyphs] Knbt ꜥꜣt n nt[225], der (grossen) Knbt der Stadt (d.i. Thebens)", auf die ich weiter unten zurückkomme.

IV. Die [hieroglyphs] Knbt nt 13, welche ich nur aus der folgenden Stelle kenne:[226]

[hieroglyphs]
mtn Knbt nt 13; drti r ht 13 dr m pryt štn-
[hieroglyphs]
ywt

„Gesetzt, die Knbt des Landes würde gehindert, im Lande umherzuziehen, so würden auch die königlichen Einkünfte ? [226] verhindert."

Der Sinn dieser schwierigen Stelle, deren Übersetzung ich nur mit allem Vorbehalt gebe, scheint der zu sein, dass es mit dem Reichtum des Königs aus sei, sobald einmal „die Knbt des Landes" ihre Thätigkeit einstelle. Trifft meine anderweit zu begründende Vermutung das Richtige, dass hier unter 13 die in der Bannmeile Thebens gelegenen Ländereien zu verstehen sind, so dürfen wir aus unsrer Stelle schliessen, dass nicht die Krongüter — was ja an sich schon wahrscheinlich ist — in der unmittelbaren Umgebung der Hauptstadt befanden und ihre eigene knbt besassen. Aber mehr als eine Vermutung möchte ich damit nicht gegeben haben. Vollends unklar bleibt mir ferner die Bedeutung der

IV. (228) knbt nt w „knbt des Bezirks", welche ich nur aus einer Inschrift im Grabe des Rḫ-mi-rꜥ(229) belegen kann.

Auf Grund des beigebrachten Materials(230) haben wir in der knbt ein Verwaltungsorgan zu sehen, welches befugt war, juristische Akte vorzunehmen, und in allen Fällen des Civil- und Strafrechts competent war. Dieser juristische Charakter unsrer Behörde ist nun schon in früheren Epochen nachweisbar. Ich habe in einer Anmerkung(231) darauf hingewiesen, dass die srw, die Mitglieder der knbt, im alten und mittleren Reich juristische Funktionen ausübten, hier füge ich für die letztere Epoche noch hinzu, dass in den Siuttexten(232) die knbt einen Vertrag abschliesst. Ebenso lässt sich die in den oben mitgeteilten Texten verschiedentlich(233) berührte Thätigkeit unsrer Behörde in Steuerangelegenheiten bis ins A.R. zurückverfolgen, wie die folgende schwierige Stelle des Pap. Prisse(234) beweist, deren Übersetzung ich meinem verehrten Lehrer Herrn Prof. v. Dümichen verdanke:

ìr ìrk s: s: n knbt wpwti n ḥ:rt ˁš:t šd

m:ˁdw mnw mdyk m rd ḥr gs

„Wenn du zu thun hast als ein Mann der knbt, als ein Abgesandter, um zu beruhigen die Menge bezüglich der Aushebung der nach Vorschrift zu liefenden Stücke (?), dann thue deinen Ausspruch unparteiisch!"

Dass der Ruf unserer Behörde in jener Zeit nicht immer der beste war, lehrt eine andere Stelle[215] desselben Schriftstücks, die ich einer freundlichen Mitteilung Prof. von Dümichens entnehme. Es heisst nämlich dort von einem reichen Grundbesitzer, der sich auf Kosten seiner Nachbarn zu bereichern sucht, unter anderem, „dass er raube wie ein Krokodil nach Art der ḳnbt."

Über die Besetzung der hauptstädtischen ḳnbt geben uns zwei Listen Auskunft. In einer Gerichtsverhandlung unter Ramses IX.[216] setzt sich unsere Behörde aus den folgenden Mitgliedern zusammen:

I. mr nt ṯ:ṯ Ḫᶜ-m-wst

dem „Stadtpraefecten und Vezier Ḫᶜ-m-wst"

II. ḥm-nṯr tpï n ỉmn-Rᶜ-sṯnï-nṯr ỉmn-ḥtpw

dem „Oberpriester des Amonrasonter ỉmn-ḥtpw".

III. ḥm-nṯr n ỉmn-Rᶜ-sṯnï-nṯr ᶜnw Ns-sw-ỉmn n ṯ: ḥt nt ḥḥ n rnpt n sṯnï bïtï (Nfr-kꜣ-Rᶜ-stp-n-Rᶜ) ᶜnḫ, wḏꜣ, snb

dem „Priester des Amonrasonter, dem Schreiber des Millionen von Jahren bestehenden Tempels Ramses' IX, Ns-sw-ỉmn."

IV. ᶜbḏ sṯnï Ns-sw-ỉmn pꜣ ᶜn n Prᶜꜣ ᶜnḫ, wḏꜣ, snb ᶜꜣ n pr n pr (Dwꜣt-nṯr) ᶜnḫ, wḏꜣ, snb n ỉmn-Rᶜ-sṯnï-nṯr

dem „Königl. Sphragist Ns-sw-ỉmn, dem Schreiber des Pharao, dem Majordomus des Hauses der Hohenpriesterin des Amonrasonter."

V. ʿbḏ stnï Nfr-k3-Rʿ-m-pr-ỉmn p3 wḥmw n Pr-ʿ3 ʿnḫ, wḏ3, snb

dem „königl. Sphragist Nfr-k3-Rʿ-m-pr-ỉmn, dem Herold des Pharao"

VI. idnw n tinthtrï Ḥri

dem „Adon der Reiterei, Ḥri".

VII. ṯ3y sïry Ḥri n n3 ḫn(?)

dem „Bannerträger der Marine, Ḥri."

VIII. ḥ3tï P3-sri n nt

dem „Stadtfürsten P3-sri".

Ein anderes Bild gewährt dieselbe Behörde unter Ramses X in dem Process gegen die Gräberdiebe(237), wo wir die folgende Besetzung finden:

I. mr nt ṯ3t Nb-m3ʿt-Rʿ-nḫtw

„Stadtpraefect und Vezier Nb-m3ʿt-Rʿ-nḫtw"

II. mr prwï-ḥḏwï(238) mr šnwtï Mn-m3ʿt-Rʿ-nḫtw

„Vorsteher der beiden Silberhäuser und Speicher Mn-m3ʿt-Rʿ-nḫtw.

III. (239) mr pr ʿbw(?) stnï Yny

„Hausvorsteher und Königl. Sphragist Yny"

IV. mr pr ʿbḏ stnï P3-mry-ỉmn p3 ʿn n Pr-ʿ3 ʿnḫ, wḏ3, snb

„Hausvorsteher, königl. Sphragist P3-mry-ỉmn, der Schreiber des Pharao".

Die erste Liste giebt uns also doppelt so viele Mitglieder als die zweite, und diese haben ausser dem Vezier sämtlich durchaus nichts mit der Rechtspflege zu thun. Füglich constituiert sich die Ḳnbt aus wellichen und geistlichen(239) Beamten, und insofern ist die Übersetzung „Beamtenschaft" gut am Platz, allein sie wird dem juristischen Character der Behörde nicht gerecht. Ich wüsste keine treffende Übertragung der Knbt zu geben, doch dürfte unser „Rat" dem Sinn des Wortes am nächsten kommen.

Was wir sonst über die Organisation des „Rates" wissen, ist schon anderweitig(240) zusammengestellt worden, nur auf einen Punkt möchte ich hier zurückkommen.
Man hat bisher(241) aus dem in dem Protokoll der Gerichtsacten befindlichen Ausdruck [Hieroglyphen] knbt nt h:rw pn „Rat dieses Tages" den Schluss gezogen, dass unter einem Teil der gerichtsfähigen Mitglieder ein Wechsel stattfand. Ohne diese Ansicht widerlegen zu wollen, möchte ich doch erwähnen, dass auf Grund der von mir gegebenen Auffassung eine andere Lösung möglich ist. Wir haben gesehen, dass die Knbt ein Ausschuss von gerichtsfähigen Beamten ist; dass dieser nicht in jeder Sitzung vollzählig zusammentrat, ist nicht nur dem spontanen Character dieser Behörde gemäss, sondern dürfte auch angesichts der Differenz der beiden oben mitgeteilten Listen recht wahrscheinlich sein. Unter diesen Umständen ist die Bezeichnung „Rat dieses Tages" ebenso verständlich wie die Gepflogenheit der Schreiber, die anwesenden Mitglieder namentlich einzutragen. Aus der gleichen lockeren Organisation aber begreift sich auch, dass sich in zwei Processen(242) unter den Angeklagten ein Mitglied des Rates befand. Überhaupt müssen wir uns hüten, die Knbt auf eine Stufe mit unseren Gerichten zu stellen; hat doch das nationale(243) Aegypten nie Berufsrichter in unserem Sinne gekannt.

Denn dass die Deutung der in den Texten aller Perioden so häufig erwähnten [Hieroglyphe][243a] als „Richter" unhaltbar ist, hat Maspero[244] unlängst nachgewiesen.[245] Wenn ich noch einmal auf dieses Wort zurückkomme, so geschieht es, weil ich in der folgenden Ausführung, welche ich ohne Kenntniss der Arbeit des genannten Gelehrten niederschrieb, einiges Neue zu geben glaube, und immerhin die neue Deutung dadurch an Kraft gewinnt, dass ich auf anderem Wege zu demselben Resultate wie mein Vorgänger gelangt bin.

Die bekannte Stelle im Horapollon,[246] welche den Ausgangspunkt der früheren Annahme bildete, hat bereits durch Masperos geistreiche Interpretation[247] ihre richtige Deutung gefunden. Aus aegyptischen Quellen aber lässt sich schlechterdings nichts beibringen, was die alte Übersetzung an die Hand gäbe, wohl aber manches, was dagegen spricht. Es ist zwar nicht gerade vertrauenerweckend, wenn ich meinen Gegenbeweis mit einem testimonium ex silentio beginne, allein ich wage ihn, weil mir die folgende Überlegung die ersten Zweifel an der hergebrachten Auffassung eingab und, wie ich meine, fast die Kraft eines positiven Beweises besitzt.

In den uns überkommenen sehr umfangreichen Processacten finden sich nämlich diese sogenannten „Richter" nicht einmal erwähnt.[248] Man mag für die Acten des Turiner Hochverratsprocesses mit Recht geltend machen, dass wir es mit einem Ausnahmeverfahren zu thun haben. Für die sonstigen Documente aber, welche durchaus in den Rahmen eines Civil- oder Strafprocesses fallen, bietet sich kein Ausweg; denn auch der Zufall ist bei einem so umfangreichen Material ausgeschlossen. Wir müssen eben zu einer anderen Erklärung greifen, für welche deutliche Fingerzeige vorhanden sind.

Über unseren Titel habe ich aus den Texten des neuen Reiches folgendes ermittelt:

Die Titulatur ist nicht erblich[249] und findet sich vereinzelt absolut vor dem Namen einer Person[250] meist jedoch in Verbindung mit anderen Titeln, sowohl bei

I <u>höheren und niederen weltlichen Beamten:</u>

1 (251)
2 „ (252)
3 „ (253)
4 (254)
5 „ (255)
6 „ (256)
7 „ (257)
8 „ (258)
9 „ (259)
10 „ (260)
11 „ (261)
12 „ (262)

als auch bei

II <u>geistlichen Würdenträgern:</u>

1 (263)
2 „ „ „ „ (264)
3 „ „ „ (265)

1 [hieroglyphs] (266)

Im alten Reich[267] findet sich [hieroglyph] in Verbindung mit:[268]

1 [hieroglyphs] (269)
2 [hieroglyphs] (270)
3 [hieroglyphs] (271)
4 [hieroglyphs] (272)
5 [hieroglyphs] (273)
6 [hieroglyphs] (274)
7 [hieroglyphs] (275)
8 [hieroglyphs] (276)
9 [hieroglyphs] (277)

Vergleichen wir den Gebrauch unsres Wortes im alten und neuen Reich, so sehen wir klar, wie [hieroglyph] sich im Laufe der Zeit immer mehr Ämter eroberte. Beiden Perioden ist jedoch der auffallend häufige Gebrauch vor den Schreibertiteln gemeinsam, der sich bis in die jüngsten Epochen behauptet hat. Ich möchte daher vermuten, dass dieses häufige Zusammenstehen von [hieroglyph] und [hieroglyph] den späten Texten[278] Veranlassung gab, beide Zeichen zusammenzuwerfen.

Sehen wir nun, wie z. B.

neben einem [hieroglyphs] und [hieroglyphs] ein [hieroglyphs]
" " [hieroglyphs] ein [hieroglyphs]
" " [hieroglyphs] ein [hieroglyphs]

steht, so liegt der Schluss ausserordentlich nahe, dass [hieroglyph] hier ebenso wie [hieroglyph] und [hieroglyph] einen Beamtengrad bezeichnet. Während jedoch [hieroglyph] im N. R. fast ganz verschwindet, breiten sich [hieroglyph] und [hieroglyph] immer mehr in der Bureaucratie jener Zeit aus.

In die Reihe der mit [hieroglyph] gebildeten Titel gehört nun auch der bekannte [hieroglyphs], welcher den „Oberrichter" (ἀρχιδικαστής) bezeichnet. Die bei vielen Völkern und namentlich im Orient beobachtete Sitte, an dem Thore Gericht zu halten, erklärt die Zusammensetzung des Titels, während die Lesung des ersten Zeichens noch immer zweifelhaft ist. Auf das grammatische Verhältniss der Gruppe wirft jedoch die bisher nicht genügend beachtete Variante [hieroglyphs] (279) einiges Licht. Die Form auf ti bezeichnet entweder einen weiblichen Dual oder die Adjectivbildung eines Femininum. „Der s3b an den beiden Pylonen" würde in der That einen guten Sinn geben, allein aus zwei Gründen möchte ich mich für die zweite Auffassung entscheiden. Aus den oben angeführten Beispielen geht hervor, dass [hieroglyph] sich stets mit einem schon an sich selbstständigen Titel verbindet; das würde uns auf die Übersetzung „der zum Thore Gehörige" führen, ein Titel, für welchen s3b den Grad angiebt. Sodann aber möchte ich auf die folgende Stelle (280) aufmerksam machen, in welcher [hieroglyphs] absolut und als Titel steht

[hieroglyphs]

t3t n rhyt ....ti n hnmmt (281)

„Der Vezir der rhyt, der zum Thore Gehörige der hnmmt."

Hier scheint mir der Parallelismus der Glieder meine Auffassung nahe zu legen und die Übersetzung „die beiden Pylonen" auszuschliessen.

Als Hauptergebnis dieses ersten Abschnittes ist also festzuhalten, dass das neuägyptische Reich ebenso wenig als die früheren Epochen einen eigentlichen Richterstand kannte. Justiz und Verwaltung sind noch eng verbunden. Die Beantwortung der Frage, wann die Trennung der beiden Ressorts eintrat, muss zukünftiger Forschung vorbehalten bleiben.

II. Über einige Akte der Justizpflege.

A. Gefängniswesen.

Aus den Texten des neuen Reiches sind mir die folgenden Bezeichnungen für Gefängnisse bekannt:

I. [282] (var. [283]) ỉthw

II [284] hnrt

III. [285] bnw hnrt (var. [286])

Indess reicht das mir bekannte Material nicht zur genauen Bestimmung dieser drei Ausdrucksweisen hin.

Besonders schlecht sind wir über das Gefängniswesen der Hauptstadt unterrichtet. — Wir erfahren einmal [287], dass Diebe in das š3ꜥ3r n pr n ỉmn-Rꜥ-stnỉ-ntr „Thor des Tempels des Amonrasonter", als bewachte Leute (sic) [288] geführt wurden. Allein dass š3ꜥ3r hier nicht, wie bislang angenommen ist [289], das Gefängnis des Amonstempels bezeichnet, beweist die folgende Stelle eines noch unveröffentlichten Papyrus des britischen Museums [290], in welcher ein Dieb mit seinem Nationale genannt wird:

ꜥr Rw-r-tỉ pr ỉmn hms.f p3 š3rꜥ3 n pr ỉmn

„Der Magazinarbeiter(?) Rw-r-tỉ vom Amonstempel, wohnhaft am Thore des Amonstempels" [291]

Durch hms wird der Wohnort des Verbrechers näher angegeben [292], dass er in Haft sass, kann damit unmöglich gemeint sein. Demnach werden wir in dem _š3ʿ3r n pr ỉmn_, welches auch ganz kurz _š3ʿ3r_ genannt wird,(293) etwa einen nach dem dort befindlichen „Thore" benannten Bezirk des Amonstempels zu sehen haben, in welchem sich unter anderem auch ein Gefängnis befand.

Ein anderes Gefängnis Thebens [hieroglyphs] _bnrt wrt_ ist uns nur dem Namen nach bekannt.(294) Näheres lässt sich nicht ermitteln. Ob wir aus dem Titel [hieroglyphs] _ʿn n p3ỉ ḥr n ḫnw bnrỉ_(295) schliessen dürfen, dass sich auch in der Necropolis ein Gefängnis befand, bleibe dahin gestellt, obwohl es ja bei den unsicheren Verhältnissen der Totenstadt durchaus begreiflich wäre, wenn man an Ort und Stelle für die geeigneten Mittel gesorgt hätte, um Ausschreitungen zu verhindern, anstatt gezwungen zu sein, die Verhafteten über den Nil nach der Hauptstadt zu bringen.

Auch die Provinzialstädte hatten ihre Gefängnisse. So gab es eins in [hieroglyphs] _Ibnt_,(296) in welchem ein Schiffshauptmann eine dreiundzwanzigtägige Haft verbüsste. Ob „das kleine Gefängnis des Vorstehers des Silberhauses",(297) in welches einmal sechs entlaufene Sklaven verbracht werden, ein provisorisches Haftlocal war, ist fraglich. Auch geht aus der betreffenden Stelle nicht ganz klar hervor, wo wir es zu suchen haben. —

Eine Andeutung über das Gefängnisleben giebt uns eine Stelle(298) aus dem bekannten Leydener Brief, in welchem ein Mann an den Geist seiner verstorbenen Frau schreibt:

[hieroglyphs]

ỉwtw ḥr dd n] 1; ỉst ntỉ twỉ ỉms ỉwỉ ḥr ḫprw bn twỉ ḥr rḫ pr n

[hieroglyphs]

bwnr m pꜣyi sḫrw iwi hr hprw hr irt pꜣ

irt pꜣ ntj mi ḳd iwf hnw pꜣyi sgʿnn m mitit

pꜣyi hbs mtrtw intwf ni bw pwyi dtw r kyhw ist

„Als man mich zu meiner jetzigen Stellung erhob[299], da konnte ich nicht mehr wie früher[300] ausgehen und ich fing an[301], mich wie ein Gefangener zu fühlen.[302] Meine Salben, ebenso mein[303] Brot und ebenso meine Kleider brachte man mir. Man liess mich nicht an einen anderen Platz."

B. Strafen.

Trotz des umfangreichen Actenmaterials aegyptischer Criminalprocesse besitzen wir über das wichtige Capitel der Strafen äusserst dürftige Nachrichten. Nur ein Processbericht bringt uns ausführliche Angaben über Strafbestimmungen; allein für uns hat er nur einen relativ geringen Wert. Denn in den Acten des Hochverratsprocesses haben wir es mit einem Ausnahmeverfahren zu thun, welches wir für die Feststellung der landläufigen Strafen nicht verwenden dürfen. Doch da unsere Quellen gerade für dieses Capitel so spärlich fliessen, so mag es immerhin hier am Platze sein, die Strafen dieses Ausnahmeverfahrens kurz zu besprechen.

Die Strafe der meisten Verbrecher deutet der Verfasser nur kurz in den Worten an: dmiw nf ꜣyf

pꜣ ʿkw m mitit

sb:yt „seine Strafe wurde an ihm vollstreckt", ohne dass wir erfahren, worin sie bestand. Und ebenso steht es mit den beiden Formeln, welche das Vorhandensein eines auf die Götter zurückgeführten Strafcodex erweisen:

iꜥwtw ir nf nꜣ sb:yt ꜥꜣy n mt iddw nꜣ ntr

iir st rf (304)

„Man that ihm die grossen Todesstrafen an, von denen die Götter sagen: thue sie ihm an!"

und die Variante: (305)

———— ntr [nꜣ] ꜥnw n mdt ntr dd iir st rf

„(Strafen), von denen die Schriften der Gottesworte sagen: Thue sie ihm an!"

Eine Anzahl der „Hauptverbrecher" genoss ein ähnliches Vorrecht, wie noch heute die höchsten Beamten des türkischen Reiches, indem ihnen gestattet war, sich durch Selbstmord der irdischen Gerechtigkeit zu entziehen. Entweder geschah dieses „an Ort und Stelle vor dem Gerichtshof", wie ich den Ausdruck fassen möchte, (306) oder sie wurden zu diesem Behuf „in ihre Wohnung entlassen".

Eine besonders schimpfliche Strafe traf jene Mitglieder der Gerichtscommission, welche sich des Vertrauensbruches schuldig gemacht hatten:

iryt nw sb:yt m sꜣw fndw msdrtw (307)

„An ihnen wurde Strafe vollstreckt durch Abschneiden ihrer Nasen und Ohren."

Aus der Stelle des Pap. Abbott:[308]

bt3ꜥ3 ꜥ3yt n hbw n dt hr mnꜥw n

iri sb3yt ntt hrhrw

lässt sich nichts Näheres ermitteln, da wir die hier gebrauchten term. techn. nicht verstehen.[309]

Zu den gesetzmässigen Strafen gehörte auch die Prügelstrafe, die wohl für leichtere Verbrechen in Anwendung kam und bis auf den heutigen Tag ein beliebtes Strafmittel der aegyptischen Behörden geblieben ist. So findet sich in dem Decret des Ḥr-m-ḥb die folgende Strafbestimmung:[310]

hr ir ꜥnh nb n msꜥ nti iw tw r sdm r dd sw hr ṯ3wt hr nhm

dhri [311] m p3 h3rw irtw h3p rf m h[?]f m sh C wbn sd [312]

V hnꜥ(?) šd p3 dhri ttnf mdf 1:

„Jede Militärperson, von der man hören wird: Sie geht und raubt Häute ...... von heute (ⲦⲞⲞⲨ) an, an ihr werde das Gesetz vollstreckt mit hundert Hieben, indem fünf Wunden offen sind, und die Haut, welche sie genommen hat, werde ihr mit Gewalt abgefordert.[313] (sic)"

Das ist die einzige mir bekannte Stelle, welche uns mit Sicherheit die Bastonnade als gesetzliches Strafmittel bezeugt. Allein bei der Beliebtheit, dessen sich der Stock bei dem Aegypter des neuen Reiches erfreute, dürfen wir gewiss annehmen, dass er auch in dem Capitel der Strafen eine hervorragende Rolle spielte. Wir brauchen uns nur zu vergegenwärtigen, welche Hoffnungen die Paedagogik jener Zeit auf ihn setzte. Versteigt sich doch ein Schulmeister zu dem kühnen Satze:

hpru ꜣt n ꜥdd ____ stmf n h(i)twf

„Der Jüngling hat einen Rücken, er hört auf den, welcher ihn schlägt",[314]

dessen Variante:

hpr ꜣ msḏrt n ꜥddw ____ hr ꜣtf (ϩιωτϥ)

„Das Ohr des Jünglings ist auf seinem Rücken."[315]

an Deutlichkeit nichts zu wünschen übrig lässt. Möglich, dass der Staat an die Prügelstrafen ähnliche Erwartungen knüpfte.

In der oben citierten Stelle des Decrets des Hr-m-hb bezeichnen die „hundert Hiebe" gewiss die gesetzlich bestimmte Zahl, doch in manchen anderen Fällen[316] bezeichnet hundert als runde Zahl[317] nichts Anderes als unser „Tracht Prügel". Die Zahl hundert ist übrigens als eine besonders beliebte Portion noch heute in den كرباج in Gebrauch, worauf mich mein verehrter Lehrer Herr Prof. v. Dümichen aufmerksam machte.[318] Dass daneben auch andere Zahlen in Geltung waren, zeigt der folgende Passus aus einem Leydener Papyrus:[319]

rmt m CC n sh n nꜣ rd

„Leute mit zweihundert Fussstreichen"

Eine andere Strafe, die der Verbannung, über welche uns auch die Klassiker[320] in mehr oder weniger klaren Worten Nachricht gegeben haben, ist durch Max Müller[321] zuerst inschriftlich in dem oft citierten Decret des Hr-m-hb nachgewiesen worden. Ganz im Nordosten des Reiches(322), hart an der Grenze Aegyptens und Palaestinas lag ein solcher Verbannungsort, die Festung Ṯ3rw, nach welcher gewaltthätige Beamte „mit abgeschnittener Nase" deportiert wurden. Ich bin jetzt in der Lage, einen zweiten Deportationsort ganz im Süden des Reiches feststellen zu können, und zwar auf Grund einer in den Processacten häufig wiederkehrenden Eidformel, welche ich hier in ihren charakteristischsten Formen gebe:(323)

ỉryf ꜥnḫ n nb ꜥnḫ wḏ3 snb r ḏd m3ꜥt p3 ḏdtw nb mtwỉ pnꜥ

rỉ ꜥn m dw3yṯ m dw3yṯ dwḫ n3 bḫw Kšỉ (324)

„Er schwur beim Könige: Wahr ist alles, was gesagt ist. Wenn ich mein Wort morgen breche, so verhänge morgen (über mich) die Arbeiten Aethiopiens!"(325)

und:(326)

ḏdtw nf ꜥnḫ n nb ꜥnḫ, wḏ3, snb r ḏd mtwỉ ḏd ꜥḏ3yṯ ỉwf ḫ3bỉw

ḏdtw Kšỉ

„Ihm wurde der Königseid gegeben, indem er sagte: Wenn ich lüge, so will ich verstümmelt(327) nach Aethiopien geschickt werden."

Im allgemeinen werden wir in der Ausbeutung solcher Schwüre mit grösster Vorsicht zu verfahren haben. Denn wenn beispielsweise jemand schwört: „Wenn ich lüge, so will ich hundert Hiebe haben,"(328) oder(329) mtwi pn' ri 'n ir dwk n p: msh

„Wenn ich mein Wort breche, so übergieb mich dem Krokodil",
so sind diese Hyperbeln für unsern Zweck ebenso wenig zu verwerten wie etwa unser: „Wenn ich gelogen habe, so will ich des Henkers sein!" für das deutsche Strafgesetz. Allein in dem oben citierten Eid ist die Formulierung eine so specielle, dass wir ohne Bedenken wenigstens den Schluss ziehen dürfen, dass gewisse Verbrecher – welcher Art geben die aegyptischen (330) Quellen nicht an – verstümmelt und in die Bergwerke Aethiopiens geschickt wurden. Denn unter den „Arbeiten Aethiopiens" haben wir gewiss die Arbeiten in jenen Goldbergwerken zu verstehen, von denen uns Diodor eine so schauerliche Schilderung giebt. (331) Mag dieselbe auch zunächst für die Ptolemäer- und Kaiserzeit gelten, so mögen doch manche Züge auch für die älteren Epochen zutreffen und uns einen Begriff von dem Elend geben, welches die unglücklichen Verbannten des Pharaonenreiches in diesem altaegyptischen Sibirien erwartete.

C. Der Eid.

Was ich in diesem Abschnitte zu geben denke, ist im wesentlichen eine erste Zusammenstellung aller mir aus den Texten des neuen Reiches bekannten Eidformeln und Schwursätze, bei deren Verarbeitung ich den philologischen Gesichtspunkt in den Vordergrund gestellt habe.

Nur der Vollständigkeit halber berühre ich kurz jene feierliche und pomphafte Schwurformel, welche sich fast ausschliesslich im Munde der

Pharaonen findet, und deren Vordersatz in zwei Fassungen vorliegt,[332]

a. einer einfachen

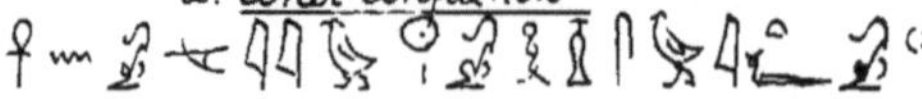

[hieroglyphs] [333]

ʿnḫni mryui Rʿ ḥswi itfi

„Ich schwöre,[334] so wahr mich Rʿ liebt und mein Vater belohnt, ..."

b. einer erweiterten,

welche noch die folgenden Worte hinzufügt:

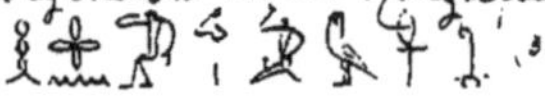

———————— [hieroglyphs] [335]

———————— ḥn fnti m ʿnḫ w3s

„...... und sich meine Nase mit Leben und Kraft verjüngt"[336]

So leicht der Sinn dieser Formeln festzustellen ist, so schwierig ist es, das syntaktische Verhältnis der beiden Satzglieder zu ermitteln. Aus der Form mry, welche sich oft optativisch gebraucht findet, möchte man einen optativischen Sinn herleiten. Allein wie bereits Erman[336] für ʿnḫ, wd3, snb angenommen hat, so werden wir auch hier die Zusätze ähnlich wie das arab. [Arabic] affirmativ zu nehmen haben.

Da wir es mit einer Formel des officiellen Styls zu thun haben, so dürfen wir schon auf Grund dieser Erwägung vermuten, dass unsere Eidformel nicht erst aus dem N.R. stammt, sondern schon älteren Datums ist. Das geht nun mit Bestimmtheit aus der sich hier findenden Verbalform hervor. Denn das aus den Pyramidentexten wohlbekannte Tempus sdmnf zum Ausdruck einer feierlichen Handlung ist dem N.R. gänzlich fremd und wird nur noch in manieriert altertümelnder Rede gebraucht.[337] Auch das neben dem Tempus sdmf im Nachsatz sich findende iw sdmnf[338] ist nichts weniger als neuägyptisch und ebenfalls dem alten Reich[339] eigentümlich, wenn es sich auch bis in den Beginn des neuen Reiches[340] verfolgen lässt.[341]

Unter den Eiden der Umgangssprache lassen sich drei Gruppen von Beteuerungen unterscheiden, je nachdem sich der Schwörende auf den Gott, den Pharao oder beide beruft. Für die erste Gruppe kenne ich nur ein Beispiel:(342)

iw.s ḥr ʿnḫ(343) nṯr m ḏd wꜣḥ pꜣ-Rʿ

„Sie schwur bei Gott, indem sie sagte: Bei Phre ....."

Der häufigste Eid ist der Schwur auf den Namen des Pharao (ʿnḫ m pꜣ rn Pr-ʿꜣ ʿnḫ, wḏꜣ, snb(344)), welcher, wie es scheint, im officiellen Gebrauch mit Namen genannt wurde. So ordnet Thutmosis I in der Anzeige seines Regierungsantrittes an:

„Veranlasse, dass der Eid gültig wird auf den Namen meiner Majestät (L.H.G.), geboren von der Königl. Mutter Snı͗-snb, die gesund ist"(345)

Im täglichen Leben war wohl die Berufung auf den König ohne specielle Namensangabe das übliche und liegt uns in der folgenden Formel vor:(346)

wꜣḥ pꜣ ḥḳꜣ ʿnḫ, wḏꜣ, snb, pꜣ ntı͗ ʿꜣ bꜣ.f r mt

„Bei dem Fürsten, dessen gewaltige Geister(347) töten werden"....(348)

Es ist das der Eid, welchen die juristischen Texte mit dem Namen ʿnḫ n nb ʿnḫ wḏꜣ snb, bezeichnen, wie vor allem das eben citierte Beispiel beweist, welchem ein ı͗ryf ʿnḫ n nb ʿnḫ wḏꜣ snb m ḏd vorangeht.(349)

Die dritte Eidformel, welche, wie oben bemerkt, Gottes- und Königsnamen vereinigt, liegt in der folgenden Fassung vor:

wꜣḥ Imn wꜣḥ pꜣ ḥḳꜣ ʿnḫ wḏꜣ snb pꜣ ntı͗ bꜣ.f r mt

(350)

Pr-ʿꜣ ʿnḫ, wḏꜣ, snb pꜣ.y.ı͗ nb

„Bei Amon, bei dem Fürsten (L.H.G.), dessen Geister töten werden, dem Pharao (L.H.G.), meinem Herrn ....“

oder kürzer:

 (351)

wꜣḥ imn wꜣḥ pꜣ ḥḳꜣ

„Bei Amon, bei dem Fürsten ....“

In der folgenden Sammlung von Eidschwüren bespreche ich zunächst einen häufig vor Gericht gebrauchten Schwur, dessen vollständige Fassung wir nur auf Umwegen wiedergewinnen können. Wird ein Angeklagter oder Zeuge vor Gericht vernommen, so muss er zur Erhärtung der Wahrheit einen Eid leisten, oder wie der Kanzleiausdruck lautet:

 ddtw nf ꜥnḫ n nb ꜥnḫ wḏꜣ snb

„es wurde ihm der Königseid gegeben“ (352)

in etwas andrer Fassung:

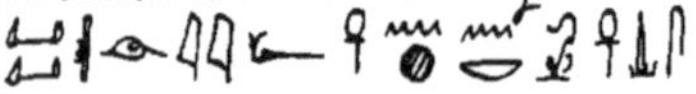 dd iryf ꜥnḫ n nb ꜥnḫ wḏꜣ snb

„es wurde gegeben, dass er den Königseid schwur.“ (353)

Der Wortlaut der Formel ist uns nicht ganz bewahrt. Wir kennen sie nur aus den Protokollen, welche die Schreiber während des Verhörs aufnahmen, und die begreiflicherweise in vielfacher Beziehung gekürzt sind. Vor allen Dingen aber waren stereotype Formeln dieser Gefahr ausgesetzt. Auch unsere Eidformel ist diesem Schicksal nicht entgangen und hat, wie die folgenden hauptsächlichsten Varianten zeigen werden, sich manche Willkür gefallen lassen müssen.

In die erste Gruppe dieser abgekürzten Formeln stelle ich diejenige, welche den ersten Teil des Vordersatzes wortgetreu als Ausdruck des Schwörenden giebt, während sie die letzten Glieder als erzählende Worte des Kanzleischreibers enthält:

ddtwnf ꜥnḫ n nb ꜥnḫ wḏꜣ snb r dd mtwi dd ꜥḏꜣ: wf iwf ḥšbw

ddtw Kšï

„Ihm wurde der Königseid gegeben mit den Worten. Wenn ich lüge! Und er (sagte): Verstümmelt. (Nach) Aethiopien gegeben".(354)

Das grammatische Verhältnis dieser Worte zu ermitteln, wäre vergebliche Mühe. Denn der letzte Teil dieser Phrase besteht offenbar aus verbindungslos neben einander gestellten Stichworten, welche die ganze Formel zum Ausdruck bringen sollten.

Noch mehr kürzen die folgenden Fassungen der zweiten Gruppe, welche auch den Vordersatz in seiner ursprünglichen Gestalt fallen lässt:

dd nf ꜥnḫ n nb ꜥnḫ wḏꜣ snb r tm dd ꜥḏꜣ: wf iwf Kš

„Ihm wurde der Königseid gegeben, um keine Lüge zu sagen. Er (sagte): Aethiopien."(355)

und der Eid einer Frau:

ddtw ns ꜥnḫ n nb ꜥnḫ wḏꜣ snb mtwst dd ꜥḏꜣ: w iwst Kšï

„Ihr wurde der Königseid gegeben. Wenn sie lügen würde. Sie (sagte): Aethiopien."(356)

Aus diesen Formen dürfen wir, wie ich glaube, in Anlehnung an den schon oben citierten Schwur(352):

mtwi pnꜥ ri ꜥn m dwꜣ wf m dwꜣ wf dwḳ nꜣ bḳw Kš

etwa die folgende Eidformel reconstruieren:

ddtw nf ꜥnḫ n nb ꜥnḫ wḏꜣ snb r dd mtwi dd ꜥḏꜣ: wf dwḳ ḥšb .

twì dwḳ nꜣ bḳw Kšì

„Es wurde ihm der Königseid gegeben: Wenn ich lüge, so lass mich verstümmeln und übergieb mich den Bergwerken Aethiopiens.“ [358]

Neben dieser Formel wird vor Gericht noch eine zweite gebraucht, welche sich an Inhalt und Form ganz mit der ersten deckt, doch an Stelle des Kš oder bḳw Kš tp bt einsetzt, ein Ausdruck, der, wie sich aus verschiedenen Stellen ergiebt, eine bestimmte Folter bezeichnet. [359]

Um für die folgenden Beispiele von Schwursätzen eine gewisse Ordnung inne zu halten, habe ich sie nach moderner Anschauungsweise durchaus willkürlich in zwei Gruppen geschieden:

I. Assertorische Eide.

mꜣꜥt pꜣ ddtw nt mtwì pnꜥ rì ꜥn m dwꜣwt m dwꜣyt

dwḳ nꜣ bḳw Kšì [360]

„Wahr ist alles, was (von mir) gesagt ist; wenn ich morgen mein Wort breche, so schick mich morgen in die Bergwerke Aethiopiens!“

wꜣḥ ìmn wꜣḥ pꜣ ḥḳꜣ ḥmt m ḥmt bn ìrst mr bn nk

st [361]

„Bei Amon, bei dem Fürsten! Das Weib war wie ein Weib. Nicht trieb sie Liebschaft und nicht brach sie die Ehe.“ [362]

Daneben findet sich auch der Schwur ohne weitere Einleitung. So schwört jemand:(363)

bn šd(i) ḥ:wt mdf

„Ich habe (es) ihm nicht gestohlen"(364)

Nicht ganz im Wortlaut erhalten sondern von den Aktenschreibern gekürzt und etwas verändert sind die folgenden Schwüre:

wꜣḥ imn wꜣḥ pꜣ ḥḳꜣ ꜥnḫ wḏꜣ snb mtwi gm iwi sni

ḥr nꜣ rmṯ iw dw ni ḳdt ḥd ḳdt nb iwi ḥꜣbḳ(wi)

ddtw ḥr ḫt(365)

„Bei Amon, bei dem Fürsten, wenn sich herausstellt,(366) dass ich zu den Dieben ging,(367) und dass sie mir eine Kite Silber und Gold gaben, so will ich verstümmelt und mit dem Kopfholz(?) gemartert werden!"

An einer anderen Stelle findet sich dieser Schwur wesentlich gekürzt in der folgenden zum Teil correcteren Form wieder:

iwtw gmtwi iwi sni ḥr nꜣ iṯꜣw iwf ddtw

tp ḫt(368)

„Wenn man findet, dass ich zu den Dieben ging, so will ich mit dem Kopfholz gemartert werden!"

mtwtw gmtwi iw ddi ꜥḏꜣw iwf ddtw tp ḫt(369)

„Wenn man findet, dass ich gelogen habe, so will ich mit dem Kopfholz gemartert werden!"

An einer andern Stelle(370) schwört jemand nach dem Bericht des Aktenschreibers:

r knkn.t fnt.f msdr.f ddi[321] hr tp-ht r dd bw rḫi ist

nbt

„Man solle ihm Nase und Ohren verstümmeln und ihn mit dem Kopfholz martern, wenn er irgend einen Platz wüsste"...

II. Promissorische Eide.

wȝḥ imn wȝḥ pȝ ḥkȝ ᶜnḫ wḏȝ snb pȝ nti bȝ.f r mt

Pr-ᶜȝ ᶜnḫ wḏȝ snb pȝy.i nb [m]ḫwi pnᶜi r mdt im.f iwi

hr Cn sḫt šwḳ(wi) m pš [322]

„Bei Amon, bei dem Fürsten (L. H. G.), dessen gewaltige Geister töten werden, bei dem Pharao, meinem Herrn, wenn ich mich wende, um dagegen zu sprechen, so will ich hundert Hiebe haben und des Anteils verlustig gehen".

iws hr ᶜrḳ nṯr m dd wȝḥ pȝ-Rᶜ ..... mdwtw nḥm-

f mdi in iwi r imw in iwi r swri iwi

r mt m 1: wnwt [323]

„Sie schwur bei Gott mit den Worten: Bei Pȝ-rᶜ etc...., wenn man ihn mir nimmt, so will ich nicht essen und nicht trinken, sondern zur Stunde (ⲚⲦⲈⲨⲚⲞⲨ) sterben."

(321)

mtwi pnc ri cn dwk n p3 msh

„Wenn ich mein Wort breche, so übergieb mich dem Krokodil!"

w3h p3 hk3 cnh wd3 snb .... mtwtw i3 : ..... mtwi tm

(323)

irtw nf sb3y

„Bei dem Fürsten; ..... wenn man nimmt ......, so will ich ihm keine Strafe geben lassen."

Ganz vereinzelt steht der folgende Schwur(324) da, in welchem der übliche Bedingungssatz fehlt und die Negationen pleonastisch stehen:

w3h p3 hk3 cnh wd3 snb iw bn dwi .... iw bn dwi ...... iw bn dwi .... dwi ......

„Bei dem Fürsten (L.H.G.), ich will geben .... und geben ..... und geben .... und geben ... "

Der Sinn dieser Beteuerung geht aus dem Zusammenhang klar hervor. Also dreimal ist die Negation überflüssig, das letzte Mal ist sie von dem Schreiber richtig unterdrückt. Diesem lagen offenbar zwei Constructionen im Sinn: „Bei dem Fürsten, ich will die und die Strafe haben, wenn ich nicht gebe ...." und die kurze Form: „ich werde geben." In den Schwüren aller Sprachen(322) spielen ja die Negationen bisweilen die eigenartige Rolle, dass sie stehen, wo bejaht, und dass sie fehlen, wo verneint werden soll. Letztere Erscheinung kann ich für das Aegyptische nicht belegen.

Allen diesen Formeln ist eins gemeinsam, dass sie den Vordersatz des Schwurs im Tempus <u>mtwf stm</u> bringen, im Nachsatz herrscht jedoch grösste Freiheit; denn neben dem Nominalsatz finden sich:[378]

a) <u>twf stm</u>

b) <u>iwf stm</u>

c) <u>iwf r stm</u>

d) Imperativ.

e) Optativ.

In der juristischen Litteratur der Kopten findet sich keine der hier behandelten Formeln wieder. Mit dem Sieg des Christentums und dem Untergang der alten Religion war auch ihr Schicksal besiegelt.[379] Dass die häufig wiederkehrenden Schwurformeln der Contracte:

ΕΙΩΡΚ Μ̄ΠΝΟΥΤΕ ΠΠΑΝΤΟΚΡΑΤΩΡ ΜΝ̄ ΠΟΥϪΑΙ Ν̄ΝΕΝϪΙϹΟΟΥΕ ΕΤΑΜΑϨΤΕ. . . .[380] „Ich schwöre bei Gott, dem allmächtigen, und dem Heil unserer Herren[381], welche Macht haben . . . . ." oder

ΕΙΩΡΚ Ν̄ΤΙΤΡΙΑϹ ΕΤΟΥΑΑΒ Ν̄ϨΟΜΟΟΥϹΙΟΝ ΜΝ̄ ΠΤΑϪΡΟ ΑΥΩ ΠΜΟΥΝ ΕΒΟΛ Ν̄ΝϪΙϹΟΟΥΕ ΝΑΙ ΕΤΑΡΧΗ ΕϨΡΑΙ ΕϪΝ̄ ΠΚΟϹΜΟϹ ΤΗΡϤ ϨΙΤΝ ΠΟΥΕϨϹΑϨΝΕ Μ̄ΠΝΟΥΤΕ ΠΠΑΝΤΟΓΡΑΤΩΡ[382]

„Ich schwöre bei der heiligen Dreieinigkeit und bei der Macht und dem Bestande dieser Herren, welche auf Geheiss Gottes, des Allmächtigen, über die ganze Welt herrschen."

nichts mit dem altaegyptischen Schwur „bei dem und dem Gott oder Fürsten" zu thun hat, bedarf kaum der Erwähnung, denn aller Wahrscheinlichkeit nach ist diese Formel, wie <u>Springer</u>[383] vermutet, unter dem Einfluss des römischen Schwurs bei der Salus principis entstanden.

Ich schliesse noch einige Worte über die beiden Bezeichnungen des Schwörens [hieroglyphs] ʿrk und [hieroglyphs] ʿnḫ an, welche sich in den Vulgärtexten des N.R. so unterscheiden, dass ersteres Verbum letzteres Substantivum ist. Also bereits hier herrscht derselbe Gebrauch vor wie im Demotischen und Koptischen[(384)]

D. Ein Processverfahren der Dynastie XX

Die folgenden Ausführungen, welche die kurze Skizze des bekannten Processes gegen die Gräberdiebe enthalten, beruhen im wesentlichen auf den noch unpublicirten Akten des Britischen und Liverpooler-Museums. Da die Veröffentlichung dieser Documente noch nicht so bald erfolgen wird, so dürfte dieser Abschnitt, aus welchem man sich einen Begriff über Form und Inhalt der erwähnten Schriftstücke bilden mag, manchem nicht unerwünscht sein.[(384a)]

Zunächst sammelte die Gerichtscommission das Beweismaterial, indem sie sowohl von Polizeibeamten[(385)] wie von zufälligen Zeugen[(386)] „Meldungen" entgegennahm. Auch Denunziationen der Diebe untereinander spielten dabei eine grosse Rolle. Die folgende Stelle des Pap. Mayer B[(386)] entwirft darüber ein recht anschauliches Bild — Nachdem in dem Schriftstück über einen Diebstahl berichtet ist, fährt die Erzählung fort:

[hieroglyphs]

ḥr ir ḥ3w iw 3ʿʿ P3-is šmi r d3·f

n ꜥꜣꜥ Ns-[sw]-i[mn] iw.f gm nꜣ iḫt m wꜣḥ

iw.f mḥ imw iw ꜥꜣꜥ Ns-sw-imn hꜣb.w n.i [r

dd] mi.i iw ꜥꜣꜥ Pꜣ-is ḥms irm.w.f iw ꜥꜣ-

ꜥw dd.n.f ir nꜣ ḥd i.gm.w.k i[rm.wi] bn iw.k

dt n.i imw iw.i šm.i r dd.i.w.f n nꜣ pꜣ ḥꜥti n imntit

nꜣ md:yw in.f nn iw.n swnwn.f iw.n

dd.n.f iw.n ti:y nk pꜣ gm is mtw.k in n.k

grw mntk inn n.f.

„Nach einigen Tagen kam der Ausländer Pꜣ-is in die Wohnung des Ausländers Ns-sw-imn und fand die Sachen daliegen. Da bemächtigte er sich ihrer. Und der Ausländer Ns-sw-imn schickte zu mir und sagte mir: Auf! (Als ich nun dorthin kam), da sass der Ausländer Pꜣ-is mit ihm zusammen, und der Ausländer Pꜣ-is sagte zu ihm: Von dem Silber, welches du mit mir fandest, gabst du mir nichts. Ich gehe, um es den Leuten des Fürsten der Weststadt (d.i. der Necropolis von Theben), den Gendarmen, zu melden. So sprach er zu uns. Da suchten wir ihn zu besänftigen, indem wir ihm sagten: Wir nehmen das Gefundene zu dir, aber bringe auch du deinerseits[388] (was du gefunden hast)! So sprachen wir zu ihm."

War eine solche Anzeige eingelaufen, dann wurden eifrig Recherchen angestellt[389] und vor allen Dingen die Namen der mutmasslichen Diebe sorgfältig notiert und der Gerichtscommission übergeben. Mehrfach sind uns solche Listen erhalten geblieben, so eine[390], welche die folgende Überschrift trägt:

[391]

p3 rnf n n3 rmt ỉdw s3cy Bw-h3cf r dd

wnw m h3yf š'.t ỉt3w

„Das Verzeichnis der Leute, welche der Wächter Bw-h3cf einlieferte;[392] denn sie standen in seinem Diebesbuch."

Auf Grund dieser Listen wurde dann zur Verhaftung geschritten, die nicht immer ohne Schwierigkeiten vor sich ging. Eine Notiz wie die folgende:[393]

ỉt3w ỉhdb m p3 hrwy m c mhti s XV

„Die Leute, welche in dem Kampf im Nordbezirk getötet wurden: 15 Personen", spricht eine deutliche Sprache.

Wo der Verhaftete bis zum Gerichtstermin blieb, ist ganz unsicher. Das Verhör[394] wurde mit erstaunlichem Eifer geführt; nicht selten fanden an einem Tage mehrere Sitzungen[395] statt, und bisweilen sah der späte Abend[396] die Commission noch bei ihrem mühseligen Werk.

Der Gang der Verhandlung war in den allgemeinsten Zügen folgender: Zunächst wurde der Angeklagte vorgeführt (int), und der Vezier oder die Richter, selten ein anderes Mitglied des Gerichtshofes[396a] stellte die Frage, welche in dreierlei Weise formuliert ist:

I. ih p3 sbr n

„Wie steht es mit .....?“ (397)

II. ỉdd pꜣ sḫr n

„Sieh an, wie .....!“

III. ỉḫ ḫr.k

„Wie steht es mit dir ....?“

In diesem ỉḫ ḫr- haben wir gewiss das Prototyp des kopt. ⲁϩⲣⲟ: ⲁϩⲟ ⲛⲁⲛ (?) uns[398] Einem ỉḫ ḫr.k würde also ⲁϩⲣⲟⲕ genau entsprechen.[399]

Jede Aussage wird mit einem Eid eingeleitet. Allein damit begnügt man sich in der Regel nicht[400], sondern als Prüfstein der Wahrheit wird noch die Folter hinzugenommen. Worin diese bestand, erfahren wir aus den Texten nur insofern, als uns die Namen der Marterinstrumente angegeben werden, allein nirgends eine nähere Angabe darüber, in welcher Weise dieselben gehandhabt wurden. War diese Procedur, welche nicht selten durch die eingeworfenen Fragen der Commission unterbrochen wurde, überstanden, so sprach der Vezier das Urteil, indem er entweder auf Freilassung[401] oder auf Haft[402] erkannte. Schärfere Strafen durfte er jedoch nicht verhängen, dieses Recht stand nur dem Pharao zu.[403] Zur Veranschaulichung dieser Darlegungen greife ich eine Stelle des Pap. Mayer heraus, welche manche der üblichen Formeln enthält und zugleich auch für die Eigenart der Sprache dieser Texte characteristisch ist:

ỉn ꜣꜥꜥwỉ Ỉꜣ:w Ns-sw-mntw ỉr smtr m

ḳnḳn m b(ꜣ)ỉ:dꜣ:nꜣ ddtw tꜣ ỉḳw m rdf ddf ddtw nf ʿnḫ n nb ʿnḫ wḏ: snb r ḥ:btw tm . dd ʿḏ:w

(403a)

ddti nf ịḫ p: sbr šmi ịʿrwk r ḫrt ḥ:w m p:

pr n st: ịmw n:yk ịri ddf twi hnw-

kwi ịw gm p:i rmt ịnwk mḥ VI ịwi ịt:w wʿ m-

ịw ịmw ịwi ịrt ḥ:ṯ st

„Vorgeführt wurde der Ausländer, der Dieb Ns-sw-mntw. Das Verhör wurde mit der Bastonnade vorgenommen und ihm Fesseln? an Hände und Füsse gelegt. Ihm wurde der Königseid gegeben, man solle ihn verstümmeln, falls er die Unwahrheit sage. Es wurde ihm gesagt: wie gingest du, um den Grabgang mit deinen Genossen zu bestehlen? Er sagte: Ich eilte hin und fand diese Leute, ich war der sechste. Da nahm ich einen Ring(404) von ihnen und nahm ihn in Besitz."

Das eben angeführte Verhör stellt etwa die Durchschnittslänge eines solchen dar. Daneben giebt es eine ganze Reihe von Untersuchungen, die verwickelter und infolgedessen umfangreicher sind. Auch ein kurzes summarisches Verfahren fehlt in den Akten nicht. Hier eins für viele:(405)

ịn nfw ịmn-ḥtpw s: ịri-ʿ: n pr ịmn r ḥt

p: ḥm-nṯr tpi n ịmn sw ʿḥmy m smtr m ḫp):ḏ:r

ịrw m:ʿnị rdwịf ddf ddtw nf ʿnḫ n nb ʿnḫ wḏ: snb tm

dd ꜥdꜣw sw gmy wꜥb hr nꜣ itꜣw ddtw

nf nf

„Vorgeführt wurde der Schiffer des Amonstempels imn-htpw, des iri-ꜥꜣ Sohn, welcher unter dem Oberpriester des Amon steht. Er wurde abermals mit der Bastonnade verhört und an Händen und Füssen gefesselt(?). Es wurde ihm der Königseid gegeben, dass er nicht lügen wolle. Er wurde von dem Diebstahl rein befunden[406] und in Freiheit gesetzt."

Die hier erwähnte Wiederholung der Folter fand nicht selten statt, und bisweilen wurde der Angeklagte drei- ja viermal mit der Tortur bedacht.[407] Das geschah begreiflicherweise nur in Fällen, wo man dem Verbrecher aus irgend welchen Gründen keinen Glauben schenkte. Dann rief wohl der Vezier nach dem ersten Verhör dazwischen:[408] ꜥdꜣw pꜣ ddwk „Deine Aussage ist erlogen!" und eine abermalige peinliche Untersuchung begann. Dasselbe Verfahren wurde nun auch angewandt, wenn eine Person als Mitwisserin einer That verdächtig war. So wurden bisweilen Frauen über die Verbrechen ihrer Männer verhört. Hier ein Beispiel:[409]

smtrt imn ꜥnh nwt nt iri-nfr tꜣ hmt n ꜥꜣꜥ Pꜣ-

nhs n tꜣ.t ddtw ns ꜥnh n nb ꜥnh wdꜣ snb mtwst dd ꜥdꜣw

iwst Rši ddtwns ih hrt pꜣi hd iin Pꜣi-nhs

p3yt h3y ddst bpyt ptri ddw ns t3t ib

n3 shr n in iirwy n3 bki irmwf ddst b-

pwyt ptri hd iirwf intw iwf m n3 šmi iwnf

imw ddw nsst n3 sr ih p3 shr n p3 hd ibk-

wp P3-nhs . . ? . . m imf ddst iirwi intwf r

dbyt pr m t3 rnpt n n3 hty iwtw hkr

„Verhör: Vorgeführt wurde die Thebanerin iri-nfr, die Frau des Ausländers P3-nhs vor? den Vezier. Ihr wurde der Königseid gegeben, und sie sagte, wenn sie die Unwahrheit sage, wolle sie nach Aethiopien gesandt werden. Ihr wurde gesagt: Wie steht es mit diesem Silber, welches dein Mann geholt hat. Sie sagte: Ich sah (es) nicht. Der Vezier sagte zu ihr: Wie holten es die Diener mit ihm? Ich sah das Silber nicht, welches er holte, als er mit etlichen Leuten zusammenwar. Da sprachen die Richter zu ihr: Wie steht es mit dem Silber, welches P3-nhs . . . .
Sie sagte, ich holte es, um Getreide zu bezahlen, in dem Jahre der Hyaenen(?), als man hungerte."

Commentar:

Obwohl ich im Hinblick auf die spätere Veröffentlichung die Texte dieses Abschnittes ohne Commentar gelassen habe, so glaube ich doch hier einige erläuternde Bemerkungen beifügen zu müssen.
Mit smtrt leiten manche der hierhergehörigen Hs. ein neues Verhör

ein.

Die Form [hieroglyphs] bpyt an Stelle von [hieroglyphs] bopory findet sich nur in dieser Processacten und nähert sich mehr als letztere dem abgeleiteten ⲠⲦⲈ. Bpyt ptrì[110] ist jene lose Verbindung zweier Worte, die für den Canzleistyl characteristisch ist.

ìwf m n3 šmì ìwnf ìmw „indem er unter den Gehenden war, unter denen er war" entspricht ganz der arabischen Ausdrucksweise für „jemand, einige"[411]

Eine Übersetzung des ìbkrf etc. gebe ich wegen der Unsicherheit der Lesung nicht. Vielleicht ist mit Prof. v. Dümichen zu übersetzen: „wie verhält es sich mit dem Silber, von welchem P3-nhsi seinen Zins bezahlte." Meine Copie, welche jedenfalls nocheinmal mit dem Original zu vergleichen ist, trägt an der von mir nicht gelesenen Stelle die folgenden Zeichen: [hieroglyphs].

„Jahr der Hyaenen" übersetze ich nur unter allem Vorbehalt, da es sehr fraglich ist, ob [hieroglyphs] = [hieroglyphs] = ϨⲞⲈⲒⲦⲈ „Hyaene" zu setzen ist. Jedenfalls ist von dem Jahr irgend welcher Tiere die Rede. – Mein verehrter Lehrer Herr Prof. v. Dümichen wies mich zur Erklärung dieses Ausdrucks auf eine Stelle im vierten Band seiner geographischen Inschriften[412] hin, in welcher das Jahr des niedrigen Nils durch rnpt nt hcpì wnš: „annus Nili lupi" bezeichnet ist. Vielleicht drückten gewisse Tiere metaphorisch einen schlechten Zustand aus; so ist ja auch der Sperling das Determinativ alles Bösen geworden. – Prof. Maspero teilte mir die folgende geistvolle Vermutung mit:

„Je ne vois pas ce que peut être l'année des hyènes, à moins que cela ne fasse allusion à un fait local. Il y a quelque part dans l'histoire de Paris vers 1419 ou 1420 une année qu'on appelait l'année des loups dans le peuple, parce que pendant l'hiver les loups pénétrèrent dans la ville et y enlevèrent des enfants. Votre année des hyènes est peut-être quelque chose d'analogue"

War der Angeklagte nicht mehr am Leben, so wurde ein Mitglied der Familie vor Gericht citiert, wie der folgende Fall beweist:(413)

in sh̬ti Wnw-phti s3 wʿb ...tiy n t3 ḥt sw smtr m

knkn m b(p)3 d3r ddbw t3 ikw m rdwif dlf

ddtwnf ʿnḫ n nb ʿnḫ wd3 snb tm dd ʿd3w ddti nf idd

my p3 shr šmi irw p3yk itf iwf irt

h3yf m p3 pr n st3 irmw n3yf irw ddf i-

irw bdbw p3yi itf iwi m šri iw t3yi mt

dd ni dw hri md3y Ns-imn nh3w n ... n hmt n p3-

yk itf hr ir n3 hri šmrt n 3ʿʿwi bdbw p3y-

k itf iw it3w t3 smtr iw Ns-imn it3w

n3 hmt idf ni sw w3h r93 pn t3yi mt

„Vorgeführt wurde der Weber Wnw-phti, der Sohn des Priesters ...ti-y, vom Tempel. Er wurde mit einer Bastonnade verhört und an Händen und Füssen gefesselt(?). Ihm wurde der Königeid gegeben, dass er keine Unwahrheit sagen wolle. Ihm wurde gesagt: Gieb bitte an, wie dein Vater mit seinen Genossen in dem Grabgang stahl. Da sagte er: Mein Vater wurde getötet, als ich noch ein kleiner Knabe war. Doch meine Mutter erzählte mir: Der Soldatenoberst Ns-imn gab deinem Vater einige Stück (?) Kupfer. Die Obersten der ausländischen Söldner töteten deinen Vater und schlugen die Untersuchung nieder (?). Da nahm Ns-imn das Kupfer und gab es mir. Es befindet sich jetzt unter dem Vermögen meiner Mutter."(414)

Dass der Angeklagte, falls er sich frei von Schuld fühlte, den Gerichtshof um Confrontation mit etwaigen Augenzeugen bat, ist begreiflich genug; und so lesen wir nicht selten dass einer der mutmasslichen Diebe den Wunsch äussert (415)

imm intw mtrw mtwf sʿhʿi

„Man führe einen Zeugen vor, dass er mich anklage.(416)"

Dabei ereignet es sich dann gelegentlich, dass ein Dieb durch die treffliche Organisation des aegyptischen Polizeiwesens unangenehm überrascht wird, wie das folgende Verhör zeigt, mit welchem ich dieses Kapitel beschliesse: (417)

in cr iwf-n-mntw n pr Mntw nb inw ddtw nf ih hrk p3

dd iirw nfy Ns-imn d3wtw r t3i rwi3 1 i-

rmw niyk iri nti iwf iii r sʿhʿk ddwk i-

mm intw rmt r sʿhʿi in nfy Ns-sw-imn iryf

sʿḥʿ·f r dd inwk id:·f sw irmw s:·f i-

ḥ:y-mḥ sw wḥmy m smḥ sw ddtw m rmṯ s:-

·f

„Vorgeführt wurde der Magazinarbeiter(1) ỉwf-n-mnty vom Tempel des Mntw, Herrn von Hermonthis. Ihm wurde gesagt: Wie stellst du dich zu der Aussage, welche der Schiffer Ns-ỉmn gemacht hat, welcher dich nach dieser Seite (des Nils)(4/8) samt deinen Genossen übergesetzt hat, und welcher kommen wird, um dich anzuklagen. (Denn) du sagtest, man führe jemanden vor, um mich anzuklagen! Da wurde der Schiffer Ns-ỉmn vorgeführt, damit er ihn anklagte, indem er sagte: Ich bin es, der ihn und den Wächter ỉḥ:y-mḥ übergesetzt hat. Er wurde abermals verhört und in Haft genommen."

ỉwf-n-mnty hatte wohl in einem ersten Verhör das ihm zur Last gelegte Verbrechen geleugnet und den Gerichtshof um Vorführung eines Zeugen gebeten, um seine Unschuld zu beweisen, in der sicheren Meinung, dass seine Fahrt über den Nil zur Totenstadt verborgen geblieben sei. Dass er sich in dieser Annahme getäuscht hatte, bewies der Zeuge, welcher in der Person des Schiffers auftrat, der ihn bei jener Fahrt begleitet hatte. Die letzten Worte des Protocolls aber zeigen, dass es dem Angeklagten nicht gelang, die Richter von seiner Unschuld zu überzeugen.

Anhang.

I. Aus dem Erbrecht.

Wir besitzen meines Wissens zur Zeit nur ein einziges Document, welches auf dieses Gebiet der aegyptischen Rechtspflege im N.R. ein spärliches Licht wirft. Es ist ein schlecht erhaltenes und wohl auch ungenau veröffentlichtes Papyrusblättchen,(419) dessen Inhalt bisher irrig als Rechnung gefasst ist. Die folgende Umschrift und Übersetzung wird trotz mancher Unsicherheit im Einzelnen an der Deutung dieses wichtigen Schriftstückes keine Zweifel bestehen lassen.(420)

Rnpt VII ꜣbd II šmw hrw IV hꜣrw pn pꜣ ꜣḥt n ꜥn ỉmn-nḫtw n nꜣ-

yf ḫrdw ỉn ꜥn Ḥrỉ [n pꜣ] ḥr ḥnꜥ ꜥnḫ nw nt

Tꜣ wr-m-ḥb

rdy n ꜥnḫ nw nt Tꜣ wr-m-ḥb m nš m nꜣy.f ḥbs

kmꜥt tḫꜣy dꜣỉw I.

kmꜥt tḫꜣy rdw IV

ḥmˁ.t dꜣy I

[hieroglyphs]

ḥmˁ.t rdw II dmd ḥbs ẖtr VIII

[hieroglyphs]

ḫt-ꜣꜣy. ꜣḫrw ... I Tiwr-m-ḥt pš II

[hieroglyphs]

bnꜣmwy III ½

„Im Jahre VII am 4ten Payni, an diesem Tage, Verteilung des Vermögens des ỉmn-nḫtw an seine Kinder und die Thebanerin Tiꜣr-m-ḥt durch den Neropolenschreiber Ḥri.

Gegeben an die Thebanerin Tiꜣr-m-ḥt als Anteil an seinen Kleidungsstücken:

......Linnen	I dꜣiw.
.....Linnen	IV Binden.
Linnen	I Mantel.(421)
Linnen	II Binden.

Im Ganzen VIII verschiedene Kleidungsstücke.

Mastbaum, Last .... Tiwrm-ḥt II Teile,

III ½ Sack."

Commentar:

Die Trennung des ḥnˁ ˁnḫ nw nt von bdwy durch das zwischenstehende in ˁn n pꜣ ḫr ist auffallend und für den schwerfälligen Canzleistyl bezeichnend.(422)

dꜣiw ist noch nicht näher bestimmt.(423) Aus unserer Stelle geht hervor, dass es ein Kleidungsstück bezeichnet, welches aus Linnen gefertigt sein konnte.

Über ḫt-ꜣꜣy. vgl. meine Bemerkung Ä. Z. 1891. p. 81. Ich hatte a. O. in ugre eine verschliffene Form gesehen. Nach einer mir gütigst mitgeteilten Vermutung Steindorffs ist wahrscheinlich in dem ⲦⲈ der sonst nicht erhaltene Singular zu der Pluralform ⲦⲎⲨ bewahrt geblieben.

Das Papyrusblatt, welches unser Document bewahrt hat, gehört wohl dem Geschäftsbuch eines Schreibers an, welcher die von ihm vollzogenen Testamentsexecutionen notierte. Das hier behandelte Stück ist das einzige, welches einigermassen erhalten ist, doch zeigen die weiteren zugehörigen Fragmente deutlich, dass der Papyrus noch manche ähnliche Notiz enthielt.

II.

Unter den zahlreichen Documenten, welche über die an Tempel zu leistenden Abgaben und die den Priesterschaften der Tempel zustehenden Rechte handeln, also nach modernen Begriffen in das Gebiet des Kirchenrechts gehören, will ich hier nur eins besprechen, welches bislang keine Beachtung gefunden hat. Freilich ist es bei seiner schlechten Erhaltung und vor allen Dingen angesichts der vorliegenden Veröffentlichung(724) fast ein Wagnis zu nennen, eine fortlaufende Übersetzung des Textes zu geben, unmöglich aber scheint es mir, den Zusammenhang des fragmentarischen Ganzen mit einiger Sicherheit wiederherzustellen. Ich habe mich daher darauf beschränkt, nur von dem am besten erhaltenen Stück eine Übersetzung und Erklärung zu geben. Was die Datierung des Textes anlangt, so ist derselbe aller Wahrscheinlichkeit nach in die Regierung Ramses' III zu setzen, da ein unter gleichen Verhältnissen gefundener Block [423], dessen Inschrift denselben Styl wie die unsrige aufweisen soll, aus der Regierung dieses Pharao stammt.

Nach den üblichen Ehrentiteln beginnt der Text: [425]

3 (422)

… ỉwyt m wt stp-sꜣ m ḥꜣww pn n ḥꜣt sr smr ḫnty [427a] stm-

y ḥꜥti ḥs wḥꜥwt . . . . 4 . . . . dd n pr stnỉ rmt nb ḥꜣt- (428)

tw m ipt r sḫt tm rdỉt šnꜥ tw (wiꜣ) šn hr mw in šnꜥy nb r

tm rdỉt ỉṯꜣtw (wiꜣ) sn imy m nḥm r irt ipt nb n Prꜥꜣ ꜥnḫ wḏꜣ snb

rmt nb ḥꜣtḫw m ipt [r sḫt] 5 . . . . ꜥnḫ tpỉ n iꜣwt

nb nsn imy m nḥm m ḥwrꜥ m rpw n wstnw in (429)

ḥꜥti nb rdw nb wꜥw nb ḥꜣtḫw m ipt r sḫt ir pꜣ nti nfr 6

irf šdwtw [430] tpỉ n iꜣwt nti iwf iṯꜣtwf mdf 6 . . . . . .

bḫꜥw bḫꜥw [431] spd sk ḥsmn sk ḥmꜣmy irt nf

ḥnꜣn r nꜣn rpr ṯf ntr ntrỉyt(?) nb in rdỉt ḏꜣtw

t3 rsn in rmt [nb] [3] .... biti rmt nb

n ht ntr nti iwtw r th3tw r f ntf dd n rdw mn mrpw w'w mn th;

ri ......

„[1] Decret, erlassen auf Befehl des königlichen Hofes an diesem Tage an den Vezier, die Fürsten, die Freunde und die Räte: Hört Fürsten die in Dörfern gebieten.... [4]..... [das Decret], welches das königliche Haus erlassen hat. Wer in Botschaft auf das Feld geschickt wird, nicht soll dessen Fahrzeug durch irgend jemand vom Wasser abgeschnitten werden, und nicht soll sein Fahrzeug gewaltsam geraubt werden, damit jeder, der in Botschaft [auf das Feld] gesandt wird, dem Pharao (L.H.G.) jede Botschaft ausführen kann![5] [Und nicht sollen von.... ......erhoben werden] irgend welche Erstlinge des Viehs durch Raub und Plünderung[1] oder auf rechtmässige Weise (?) durch irgend einen Inspector[2], Fürsten oder Officier, der in Botschaft auf das Feld gesandt wird. Wer es aber thun wird, von dem sollen die Erstlinge des Viehs, welche er genommen hat, zurückgefordert werden.[6] [Was nun die] Fischer, die Vogelfänger, die Natron- und Salzfabrikanten sowie alle, welche ihre Arbeiten an die Tempel des Vaters aller Götter und Göttinnen einliefern, [betrifft], so soll niemand auf ihr Gebiet kommen.[7] [Was nun die.... .], die biti oder irgend jemanden vom Tempel [betrifft], zu welchen man hinüberkommen wird, so sage er zu dem betreffenden Inspector oder dem betreffenden Officier: Komme zu mir!. .....”

Commentar.

[hieroglyphs] *iw* in der Bedtg. „(ein Decret) erlassen" kenne ich nur aus dieser Stelle. Ob es etwa in ⲟⲩⲱ „nuntiare" erhalten ist, bleibe dahin gestellt.
In der Aufzählung der Beamten ist vielleicht eine Umstellung vorzunehmen und nach *smr* [hieroglyphs] *sr knbt* zu lesen.(432) Dass *stmy* hier Imperativ ist, ergiebt sich aus der Reihenfolge der Ämter, denn als Titel kann es unmöglich vor *ḥ*c*tï* stehen. Im übrigen vgl. pag. 46.
Der Titel [hieroglyphs] *ḥ*c*tï ts whwt* findet sich in der bekannten Liste des Leydener Papyrus(433) in der Schreibung [hieroglyphs] wieder,(434) auch der [hieroglyphs] *ḥ*c*tï n*ꜣ *dmyt whwt* des Pap. Wilbour(435) ist hieher zu ziehen.
Im folgenden fällt auf, dass das durch seine Stellung hervorgehobene Subject *rmt nb* nicht in der üblichen Weise noch durch *ïr* verstärkt ist.
Die Wendung *ïpwt r sḥt*, mit welcher sich das *ïpwtï nb m sḥt* einer Inschrift von Abydos(436) gut vergleichen lässt, mag einen specielleren Sinn als den von mir angenommenen haben.
In den beiden Gruppen [hieroglyphs] und [hieroglyphs] scheint mir die bekannte Construction *n – ïmy*(437) zu stecken. Auf Grund dieser Annahme habe ich die oben gegebenen Conjecturen vorgenommen.(438)
Schwierigkeiten macht auch der Passus *m nḥm m ḥwr*c *mrpw n wstn*. *m rpw* „oder" steht in der Regel hinter dem verbundenen Wort,(439) allein aus Zeile 5 ergiebt sich mit Sicherheit, dass der Sprachgebrauch unseres Textes die Disjunctivpartikel voransetzt. Füglich bilden *m nḥm m ḥwr*c das erste Glied der Disjunction, – sind also asyndetisch nebeneinander gestellt, – *n wstn* das zweite. Die Bedeutung des letzteren ist freilich ganz unsicher, und die oben gegebene zweifelhafte Übertragung nur dem allgemeinen Sinn angepasst, welcher dahingeht, dass von bestimmten Grundstücken(?) keinerlei Abgaben erhoben werden sollen. – Das *mdf* am Schluss der fünften Zeile hängt von *šd* ab.

sḫ steht hier in ähnlicher Bedeutung wie in dem bekannten sḫ dbt „Ziegel streichen". Die von mir gegebene etwas weit gefasste Übertragung mag etwa das Richtige treffen.
irt nb wörtl. „alles, was macht" im Sinne von „alle, welche machen" entspricht ganz unserem Sprachgebrauch.(443)
[illegible] ḏ3-13 ist, wie ich glaube, das Prototyp des kopt. ϫⲱⲧⲉ „transire".(444) In diesem Sinn ist es auch hier zu fassen, obwohl ḏ3 und 13 noch nicht zu einem Wort verschmolzen sind.

Der Sinn des Schlusssatzes scheint mir der zu sein, dass das Betreten bestimmter Tempelgüter den Staatsbeamten nur unter ausdrücklicher Genehmigung der Besitzer gestattet sein soll. Im dem ganzen Decret aber dürfte es sich um die Immunitätserklärung dieser Güter handeln.

Anmerkungen.

1a) — So sind in den noch unveröffentlichten Inschriften in dem Grabe des Veziers, deren Kenntnis ich den Kopieen meines verehrten Lehrers verdanke, die folgenden vier Titel in dem Epitheton ip mꜣꜥt „der über das Recht entscheidet" zusammengefasst. Auch den Titel des Vezier Rꜥ-ḥtp ḥꜣtj ipp ḫꜣwt (cf. Brugsch: L.I.p.52) mag man hier vergleichen.

1b) — vgl. meine Bemerkungen pag. 62–63.

2.) — siehe Erman: Ä.Z. 83/5. Piehl 83/130.

3) — s. Brugsch: L. V. 393. Erman: Aegypten pag. 142. A. 6.

4) — Diodor: I/75 cf. ibid. 48.

5) — L. V. 390. 6) — Aelian: V.H. 14/34

7) — ζώδιον τῶν πολυτελῶν λίθων

8) — εἶχε δὲ καὶ ἄγαλμα περὶ τὸν αὐχένα ἐκ σαπφείρου λίθου καὶ ἐκαλεῖτο τὸ ἄγαλμα Ἀλήθεια. Hierher mag eine Stelle des Totenbuches zu ziehen sein (cap. 82/8), in welcher der Verstorbene sagt: iw mꜣꜥt m ḥti mfkt „die Wahrheit an meinem Leibe ist aus Grünstein".

9) — Das Halsband hat diese Gestalt:

10) — Zu dem Namen vgl. die analoge Bildung Bw-ṯhꜣ-imn.

11) — Von den Titeln konnte ich auf dem Original nur noch (var) entziffern.

12) — Louvre A 83 (cf. de Rougé: Notice des Monuments. pag. 41)

13) — Berlin: Catal. 286.

14) — Ähnlich Rec. XIII/123. vgl. auch den Titel Louvre: S.H. 336. (Pierret: Rec. II/63) Maspero: (Rec. II/121) liest, doch steht auf dem Original deutlich. Gleichwohl ist es sehr wahrscheinlich, dass wir in die von Maspero vertretene Lesung zu verbessern haben.

15) — H.A 1/5. Ähnlich Pap. Vasalli I 1/1. Ich teile hier den Text der ersten Stelle mit, welche die Überschrift eines Protokolls über gestohlenes Kupfer enthält:

ddt n nꜣ ḥmt n nꜣ ỉtꜣy ỉgmyt ỉw tꜣ-

yw tꜣ ỉst nfrt ỉiryw tꜣỉ Ḥꜥ-m-wst

ḥm-ntr tpỉ n ỉmn-Rꜥ-stnỉ-ntr ỉmn-ḥtpw m

pr Mꜣꜥt m nt pꜣỉyw smtr

„Angabe des Kupfers der Diebe, bei denen sich fand, dass sie die Totenkammer bestohlen hatten, und deren Verhör der Vezier Ḥꜥ-m-wst und der Oberpriester des Amonrasonter ỉmn-ḥtpw in dem Tempel der Mꜣꜥt anstellten."

16) — Devéria: Papyrus de Nb-ḳd pl. VII.

17) — Stele des Mntw-ḥtp Z. 2. smnỉ ỉswt(?) tꜣš wpp ḥrp r snwf „ich stellte den Umfang(?) der Gemarkungen fest, indem ich die erste von der zweiten trennte".

18) — Inschrift des Ḫnm-ḥtp: Z. 36 (und sonst)

19) — Rḫ-mi-rᶜ inschrift Z. 1 20) — ibid. Z. 13

21) — In dem Schlusssatz scheint ein Publicationsfehler zu stecken, so dass die gegebene Übersetzung fraglich bleibt. Vielleicht ist „siehe danach" zu übertragen und die folgende Stelle (Rec. II/131) zu vergleichen: [hieroglyphs] irt m3w m mrt nbt „Veranstaltung einer Besichtigung der ganzen Mannschaft".

22) — Pap. Abbott 6/21-23

23) — Pap. Turin: 61/II, 2, [hieroglyphs] p3 wi3 n t3t „das Bot des Vezirs". Dazu vgl. Inschr. des Rḫ-mi-rᶜ Z. 6.

24) — Pap. Abbott 6/22-23

25) — Pap. Bologna: 1086 Z. 7 ff

26) — [hieroglyphs] smit kopt. CMME: CEMI 27) — Diodor I/75

28) — So reichte zum Beispiel unter den Fatimiden der Kläger seine Anklage schriftlich ein, falls der Beklagte nicht in Kairo ansässig war (De Sacy: Chrest. I/132)

29) — cf. Brugsch: L. VI. 882.

30) — [hieroglyphs] wdw – falls die Lesung richtig ist – ist ἅπαξ λεγόμενον, doch ist die Bedtg. durch das Determinativ gesichert.

31) — Ich habe im folgenden Textverbesserungen durch punctierte Linien angedeutet. – Beiläufig erwähne ich, dass die Verticalzeilen in entgegengesetzter Richtung zu lesen sind, als es von dem Herausgeber geschehen ist.

32) — Vielleicht ist [hieroglyphs] r gsf zu emendieren

33) — vgl. Griffith: P.S.B.A. 1891. p. 147.

34) — Oder vielleicht nach einer gütigst mitgeteilten Vermutung Prof. von Dümichens unter Annahme der Lesung [hieroglyphs] „der Staatsrat" (cf Maspero. Et. égypt. II/197 ff.)

35) — wörtl. „der mit dem Eintreten zu thun hat".

36) — gwg lässt sich sonst nicht belegen; und die Übersetzung „sich besprechen mit" ist nur geraten. Vielleicht ist es mit g3g3 „gackern" verwandt, und beide Verben mögen onomatopoietische Bildungen sein. Auch dürfte das in dem von Maspero veröffentlichten sahid. Jesajatexte sich in der Bdtg. „stammeln, lallen" (ψελλίζειν der LXX) findende ϭⲟⲟϭⲉ herbeizuziehen sein. (Jesaja 29/24 ⲁⲩⲱ ⲛ̄ⲗⲁⲥ ⲉⲧϭⲟⲟϭⲉ ⲛⲁⲥⲃⲱ ⲉⲩϣⲁϫⲉ ϩⲛ̄ ⲟⲩⲉⲓⲣⲏⲛⲏ)

37) — Die Construction dieses Satzes ist mir unverständlich; denn mit dem m emphaticum dürften wir es hier schwerlich zu thun haben. In dem Schlusssatz handelt es sich offenbar um die streitenden Parteien, welche vor dem Vezier erscheinen.

38) — Zu dieser ganzen Stelle, welche sich in der grossen Rḫ-mi-rᶜ inschrift findet, vergleiche man die Schilderung einer Gerichtsscene, welche nach Diodor I/48.6 auf einer Wand des Rameseums dargestellt war: „τούτους (i.e. iudices) δ' ἐφ' ἑνὸς τῶν τοίχων ἐγγεγλύφθαι τριάκοντα τὸν ἀριθμόν, καὶ κατὰ τὸ μέσον τὸν ἀρχιδικαστήν, ἔχοντα τὴν ἀλήθειαν ἐξηρτημένην ἐκ τοῦ τραχήλου καὶ τοὺς ὀφθαλμοὺς ἐπιμύοντα, καὶ βιβλίων αὐτῷ παρακείμενον πλῆθος." Auch an die im Makrizi beschriebene Gerichtssitzung (de Sacy: Chrest. I/130) wird man lebhaft erinnert.

39) — Pierret: Rec I/93. 40) — Rḫ-mi-rᶜ inschrift Z.21.

41) — Pap. Bologna 1086 I/2 42) — Pap. Bologna 1094 3/4.

43) — ähnlich Pap. Anastasi II 8/2

44) — Virey: Tombeau de Rḫ-mi-rᶜ Pl. III.

45) — Rḫ-mi-rᶜ inschrift Z.29.

46) — Die beiden zuletzt citierten Stellen enthalten offenbar stereotype Formeln, auf welche nicht zu viel Gewicht zu legen ist. So heisst es im Totenbuch von den vier Affen, welche am Feuer-

bassin sitzen (cap. 126,1.) [hieroglyphs] ipw m3ꜥr ḥnꜥ wsr

47) — Pap. Anastasi V. 13/7 – 14/5. – Die Collation zweier in der Publication mir zweifelhaft erschienener Stellen verdanke ich Mr. Griffith, welcher zu 14/1 bemerkt: „[hieroglyphs] not [hieroglyphs]; the [hieroglyphs] is more distinct in the original than in the facsimile"

48) — Das 9, welches ich C umschrieben habe, mag zu dem Determinativ des Frosches gehören.

49) — Ä.Z. 1867. pag. 88.

50) — Die bisher übliche Erklärung aus [hieroglyphs] ist mit der neuen Lesung r gs hinfällig geworden. Haben wir es etwa mit der vocalisirten und syllabisch geschriebenen Verbindung der beiden Praepositionen r und m zu thun? Eine diese Auffassung unterstützende Variante ist [hieroglyphs] rm (Brugsch: L. VI/226) Übrigens bietet [hieroglyphs] r ḥnꜥ das sichere Beispiel einer aus zwei Praepositionen zusammengesetzten Praeposition, die in den semitischen Sprachen nichts Seltenes ist.

52) — Steindorff: Ä.Z. 91/4 A. 8.   51) Pap. Leyden I 32/5

53) — Das von Stern (Kopt. Gr. §46) für den Ausfall des ΟΥ nur zweifelnd citierte ΝΟΥ aus ΟΥΝΟΥ gehört nicht hierher, da die beiden Worte bekanntlich nichts mit einander zu thun haben. (ΝΟΥ = [hieroglyphs] nw ΟΥΝΟΥ = [hieroglyphs] wnwt) Die a.O. angenommene Schwächung des ΟΥ in Ε ist eine Assimilation vor Liquiden.

54) — z. B. Pap. Mallet 4/6   55) — Pap. Anastasi IV 14/9

56) — So auch Pap. Turin 67/14, wo die bisherigen Auffassungen auf Grund der obigen Bemerkung zu berichtigen sind.

57) — Pap. Bulaq II 1/15   58) — Pap. Turin 12/9   59) — Pap. Anast VI 6/2

60) — Pap. Anast I 8/5   61) — ibid.   61a) — Pap. Sallier IV Vers. 7

62) — Pap. Abbott 2/4 63) — Pap. Turin 15/8 64) — Pap. Abbott 8/8

65) — Pap. Berlin 47. 2.16 66) — Pap. Bologna 1086 II/4 (67) — Pariser Lederhandschrift.

68) — P.S.B.A. 1891. pag. 149

69) — R.I.H. 256 s. pag. 95.

70) — Die Gruppe [hieroglyphs] giebt, wie die früher übliche Umschrift am schlagendsten beweist, zu der irrigen Transcription [hieroglyphs] leicht Anlass. Auch haben die hieratischen Hs. des N.R. die ursprünglich zwischen [hieroglyph] und [hieroglyph] bestehenden Unterschiede völlig verwischt. Denn im Pap. Prisse entspricht einem [hieroglyph] hierat. [hieratic] (11/5) und einem [hieroglyph] hierat. [hieratic] (13/1, 2/5) vgl. übrigens zu der hier berührten Frage M. Müller: Rec. IX/157 ff.

71) — Nach Pap. Abbott 2/8

72) — Stele des Louvre: C. 78. Pierret: Rec. II/49 liest irrtümlich [hieroglyphs]

73) — Lieblein: Dict. des noms. 1750.

74) — Ä.Z. 1876 pag. 109. S hat nach der üblichen Weise [hieroglyphs] umschrieben. ḫnw ist natürlich der „Hof" und nicht Silsilis. Im übrigen siehe pag. 54.

75) — pag. 50 76) — Pap. Bulaq I 21/18.20

77.) — Auch im alten und mittleren Reich üben die sr juristische Funktionen aus. vgl. Borchardt: Ä.Z. 1890. p. 89 ff. Für das M.R. ist schon von dem genannten Autor (l.l.) eine Stelle aus der Geschichte vom [hieroglyphs] sḫtī citiert, dazu füge ich noch den Titel einer Inschrift des Wadi Hammamat (L.D. II 149, auch in Golenischeffs epigraphischen Resultaten veröffentlicht), welcher gleichfalls die richterliche Thätigkeit der sr für jene Zeit bezeugt:

[hieroglyphs]

rpᶜtī ḥᶜtī mr nt ṯ3t mr srw nb n wdᶜ mdt

„Der Erbfürst, Stadtpräfect und Vezier, der Vorsteher aller sr der

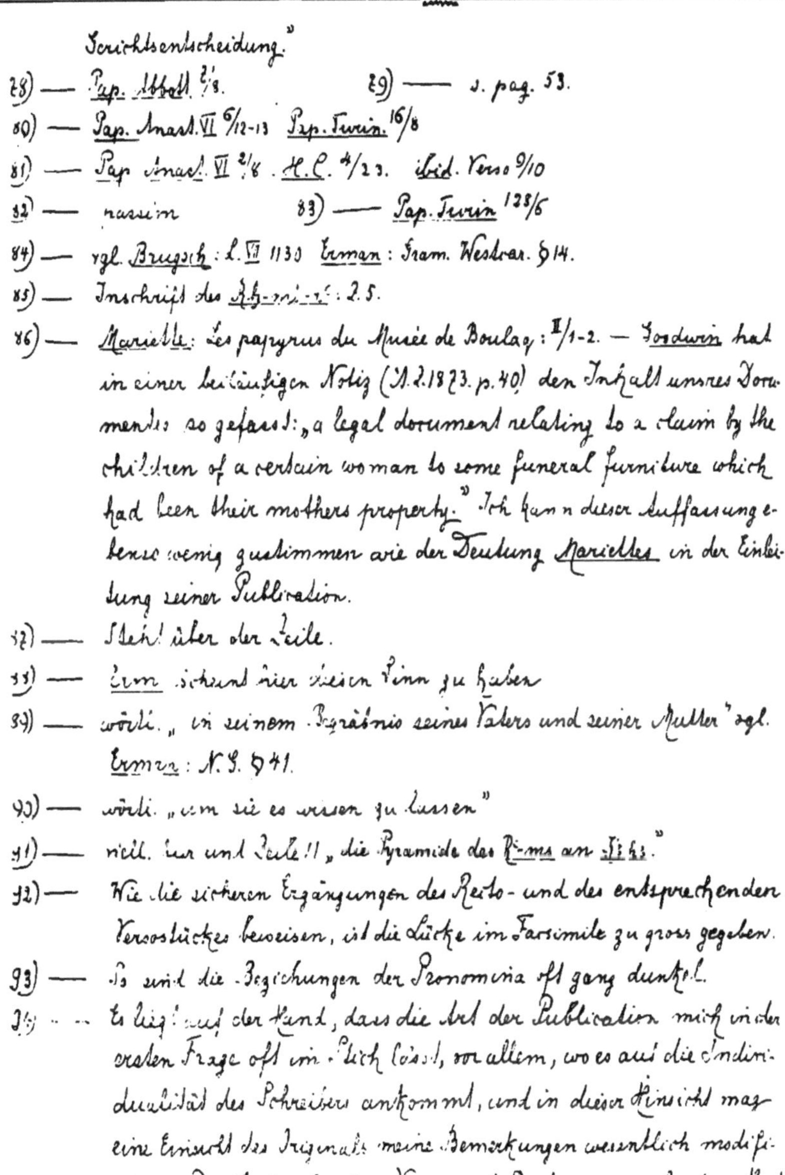

Gerichtsentscheidung."

78) — Pap. Abbott 2/8. 79) — s. pag. 53.

80) — Pap. Anast. VI 6/12-13 Pap. Turin. 16/8

81) — Pap. Anast. VI 2/8. H.C. 4/23. ibid. Verso 9/10

82) — passim 83) — Pap. Turin 128/6

84) — vgl. Brugsch: L. VI 1130 Erman: Gram. Westcar. § 14.

85) — Inschrift des Rḫ-mi-rˁ: 2.5.

86) — Mariette: Les papyrus du Musée de Boulaq: II/1-2. — Goodwin hat in einer beiläufigen Notiz (Ä.Z. 1873. p. 40) den Inhalt unsres Documentes so gefasst: „a legal document relating to a claim by the children of a certain woman to some funeral furniture which had been their mothers property." Ich kann dieser Auffassung ebenso wenig zustimmen wie der Deutung Mariettes in der Einleitung seiner Publication.

87) — Steht über der Zeile.

88) — Drm scheint hier diesen Sinn zu haben

89) — wörtl. „in seinem Begräbnis seines Vaters und seiner Mutter" vgl. Erman: N.S. § 41.

90) — wörtl. „um sie es wissen zu lassen"

91) — vgl. [illegible] und Zeile 11 „die Pyramide des Rˁ-ms an Ṯḥs."

92) — Wie die sicheren Ergänzungen des Recto- und des entsprechenden Versostückes beweisen, ist die Lücke im Facsimile zu gross gegeben.

93) — So sind die Beziehungen der Pronomina oft ganz dunkel.

94) — Es liegt auf der Hand, dass die Art der Publication mich in der ersten Frage oft im Stich lässt, vor allem, wo es auf die Individualität des Schreibers ankommt, und in dieser Hinsicht mag eine Einsicht des Originals meine Bemerkungen wesentlich modificieren. Die Thatsache, dass Verso und Recto von verschiedener Hand

herrühren, ist jedoch aus graphischen und sachlichen Gründen unumstösslich.

95) — Im zweiten Band der „Märchen des Pap. Westcar".

96) — Zweimal hinter ꜥḥ. Auch im Verso fehlt es einmal. Z. 11.

97) — Diese missbräuchliche Schreibung der Pluralstriche, welche in manchen späten Hs. eine unglaubliche Bedeutung gewonnen hat, ist auch in die hieroglyphischen Texte übergegangen. cf. Ä. Z. 83/130.

98) — passim in Hs. der Ptolemäer- und Kaiserzeit, vereinzelt schon früher. So bietet die aus der XXten Dynastie stammende Palette, welche den Process der Glieder und des Magens enthält, bereits für [illegible] [illegible], in welchem Maspero (Études ég. I 261/A. 2) das Prototyp des demotischen [illegible] erkannt hat.

99) — Ohne den unteren Strich liess sich die quadratische Form nicht gewinnen. Den gleichen Vorgang haben wir in der Gruppe [illegible], welche sich nicht selten (so Pap. Turin 9/1. 8/5 ferner in einem Papyrus derselben Sammlung, welcher mir aus seiner unter den Ms. Salvolinis in der Bibl. Nationale verwahrten Copie bekannt ist) in der folgenden Schreibung [illegible].

100) — s. pag. 12.

101) — Zu einem sichern Schluss berechtigen natürlich derartige Inconsequenzen nicht.

102) — s. pag. 50 und Anm. 192.

103) — So auch auf dem weiter unten besprochenen Ostracon der Bibl. Nationale, wo die Gruppe [illegible] so aussieht: [illegible].

104) — Ich brauche wohl kaum daran zu erinnern, dass in allen diesen Varianten, welche dem kopt. ⲘⲠⲈ entsprechen, der bekannte Wechsel des m und b (cf. bgꜣsw: mgꜣsw, bꜣhs: mꜣhs, bḥꜣt: mḥꜣt) eine Rolle spielt.

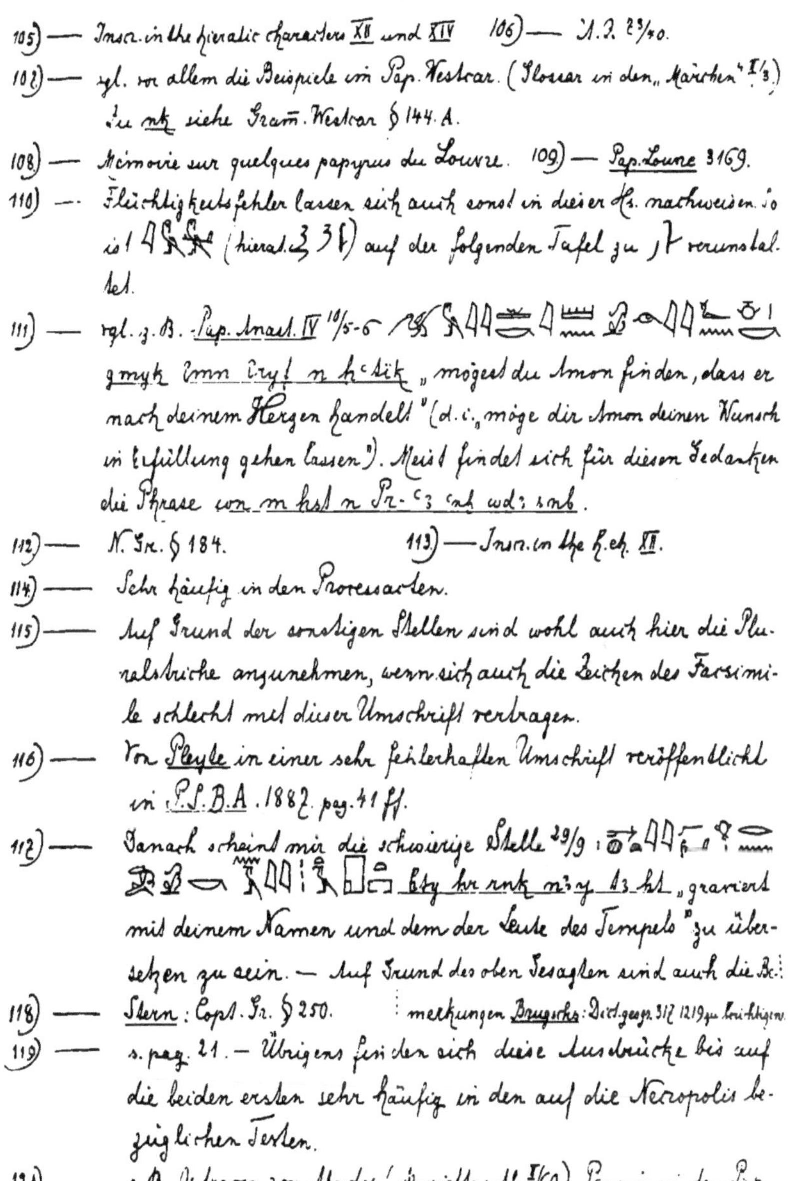

105) — Inscr. in the hieratic characters XII und XIV   106) — A. Z. 23/40.

107) — vgl. vor allem die Beispiele im Pap. Westcar. (Glossar in den „Märchen" I/3.) Zu nk siehe Gram. Westcar § 144. A.

108) — Mémoire sur quelques papyrus du Louvre.   109) — Pap. Louvre 3169.

110) — Flüchtigkeitsfehler lassen sich auch sonst in dieser Hs. nachweisen. So ist [hieroglyphs] (hierat. [hieroglyphs]) auf der folgenden Tafel zu [hieroglyphs] verunstaltet.

111) — vgl. z. B. Pap. Anast. IV 10/5-6 [hieroglyphs] gmyk Imn iry.f n hꜥ.tik „mögest du Amon finden, dass er nach deinem Herzen handelt" (d. i. „möge dir Amon deinen Wunsch in Erfüllung gehen lassen"). Meist findet sich für diesen Gedanken die Phrase von m hst n Pr-ꜥ3 ꜥnh wdꜣ snb.

112) — N. Gr. § 184.   113) — Inscr. in the h. ch. XII.

114) — Sehr häufig in den Processacten.

115) — Auf Grund der sonstigen Stellen sind wohl auch hier die Pluralstriche anzunehmen, wenn sich auch die Zeichen des Facsimile schlecht mit dieser Umschrift vertragen.

116) — Von Pleyte in einer sehr fehlerhaften Umschrift veröffentlicht in P.S.B.A. 1887. pag. 41 ff.

117) — Danach scheint mir die schwierige Stelle 29/9 [hieroglyphs] bty hr rnk n3y. t3 ht „graviert mit deinem Namen und dem der Leute des Tempels" zu übersetzen zu sein. — Auf Grund des oben Gesagten sind auch die Bemerkungen Brugschs: Dict. geogr. 317 1219 zu berichtigen.

118) — Stern: Copt. Gr. § 250.

119) — s. pag. 21. — Übrigens finden sich diese Ausdrücke bis auf die beiden ersten sehr häufig in den auf die Necropolis bezüglichen Texten.

120) — z. B. Ostracon von Abydos (Mariette: Ab. II/60) Passim in den Pap.

Rollin der Bibl. Nationale, oft in der cursiven Form ʒ, in welcher es bislang nicht erkannt war.

121) — Dass ˁ3 Attribut zu ˁnw ist und nicht etwa „Länge" heisst im Ggs. zu dem folgenden wsht „Breite" zeigt das auf derselben Tafel 6/9 stehende [hieroglyphs] hmt m ḫḫḫ n sm3mw n mḥ VI ˁnw ˁ3, wo die Übersetzung „eine grosse Platte" auch durch den Gegensatz zur folgenden Zeile gesichert ist, in welcher der Zusatz ˁ3 fehlt.

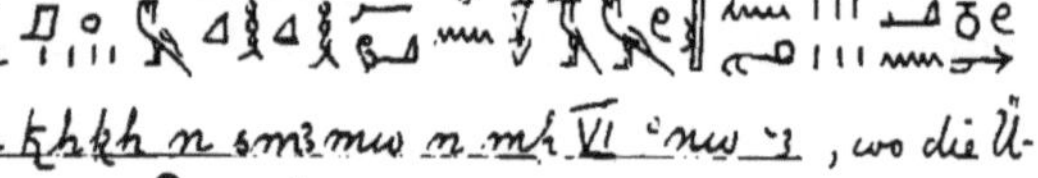

122) — so auch Pap. Turin 3/10. 4/1.

123) — Möglicherweise ist hier das Facsimile nicht ganz in Ordnung.

124) — Ostr. 5625. Verso/Z. 9–10. (Hieratic-inscr. XII)

125) — Zu diesem Gebrauch des m vgl. Piehl: Ä.Z. 91/49 ff.

126) — Von Chabas: (Mél. III 1/310) verlesen. – vgl. auch pag. 78.

127) — H. I. XIV. Bearbeitet von Goodwin: Ä.Z. 72/30 ff. Brugsch: ibid. 1876. pag. 122 ff. Geschichte: pag. 447. — Auch ein von Erman: (Ä.Z. 80/17) in Umschrift veröffentlichtes Kalksteinostracon aus Florenz ist hierher zu ziehen.

128) — Lefébure: Mon. ég. pl. V. Die wenigen und unbedeutenden Irrtümer habe ich im Commentar angegeben.

129) — Ä.Z. 1879 pag. 111–119.

130) — Pap. Turin: 50/1. 131) — z. B. Rec. II/170.

132) — wörtl. „die Weise, welche sie gemacht hatten".

133) — Meine Copie giebt: [hieratic signs]. Vielleicht ist der Anfang zu umschreiben: [hieroglyphs] ìw šmsw ḥr ḏd n.ì „und sein Diener sagte mir".

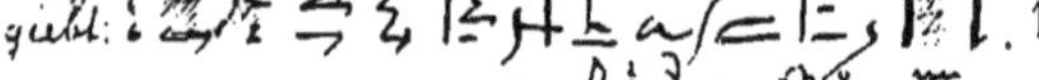

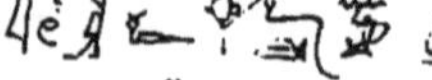

134) — Da auf dem Original der fehlerhafte Text und die Correctur in gleicher Stärke hervortreten, so ist es mir bei der Dunkelheit der ganzen Stelle nicht möglich, mit Sicherheit den richtigen Text

herzustellen

135) — s. pag. 28. 136) — v. Bergmann: Hierat. Texte. Tafel II

137) — Ä. Z. 1879. p. 83 ff. cf. 1880 pag. 20 ff. 103 ff. 136 ff.

138) — Diodor I/71: .....πολλῷ θαυμασιώτερον ἦν τὸ μήτε δικάζειν μήτε χρηματίζειν τὸ τυχὸν αὐτοῖς ἐξεῖναι, μηδὲ τιμωρήσασθαι μηδένα δι' ὕβριν ἢ διὰ θυμὸν ἤ τινα ἄλλην αἰτίαν ἄδικον, ἀλλὰ καθάπερ οἱ περὶ ἑκάστων κείμενοι νόμοι προσέταττον. cf. Plutarch: Apophtegm. pag. 202: Οἱ Αἰγυπτίων βασιλεῖς κατὰ νόμον ἑαυτῶν τοὺς δικαστὰς ἐξώρκιζον ὅτι κἂν βασιλεύς τι προστάξῃ κρῖναι τῶν μὴ δικαίων, οὐ κρινοῦσιν.

139) — Pap. Turin 12/9 ff.

140) — Die ortographischen Schnitzer [hieroglyphs] für [hieroglyphs] und [hieroglyphs] für [hieroglyphs] springen sofort in die Augen. Ob jedoch [hieroglyphs] wie ich angenommen, eine fehlerhafte Schreibung von [hieroglyphs] ist, mag dahin gestellt bleiben.

141) — Pap. Amherst: 3/9, 4/5. 142) — cf. Erman: Aegypten pag. 204 und „Märchen des Pap. Westcar: I/31.

143) — Pap. Bologna 1094 IX/6 ff.

144) — Chabas: Mélanges III 2/155. Lincke: Beiträge zur Kenntnis der altaegyptischen Briefliteratur. pag. 24 ff.

145) — Die Lesung des Namens ist unsicher; Chabas und Lincke lesen [hieroglyphs]

146) — Hebr. 13/10. (ed. Amélineau) Ä. Z. 1888. p. 98.

147) — Eine ganz analoge Bildung ist der Name [hieroglyphs] -pr-dg3e Pap. Anast. III Verso 6/8)

148) — Vielleicht ist auch eine Stelle des Pap. Allemant im Louvre heiranzuziehen, in welchem der Titel [hieroglyphs] wahrscheinlich

mit [hieroglyphs] ᶜḥ identisch ist.

149) — vgl. Pap. Boulaq I 22/18.20. Ä.Z. 81/119.

150) — Ich habe schon oben (pag. 13) darauf hingewiesen, welche Schwierigkeiten gerade Correspondenzen für das Verständnis bieten; dass daher die folgende Inhaltsangabe nur einen problematischen Wert besitzt, liegt auf der Hand. Vor allem ist mir im Eingang des Briefes nicht ganz klar, ob mit „dem Menschen" ᶜpr-bꜣr gemeint ist oder eine andere Person, welche die Veranlassung zu dem Process wurde.

151) — s. Meier und Schömann: Der attische Process pag. 624

152) — Pap. Bologna. 1086 I/4 ff

153) — Zu dem Titel vgl. Chabas l.l. Brugsch: L. VI. 1143.

154) — Pap. Turin: 16/1 ff. Transcription in Lemms: Aeg. Lesestücken pag. 106. Übersetzung ausser im Texte der Publication bei Maspero: Genre ép. pag. 2. Ich weiche von beiden Bearbeitungen fast durchweg ab.

154b) — Ä.Z. 91/58. 155) — vgl. die Abbildung in Fl. Petrie: Kahun.

156) — N. Gr. § 232. § 242. 157) — Brugsch: Dict. géogr. 1212.

158) — Zu šꜣw vgl. Chabas: Mél III 2/21. Müller: Ä.Z. 88/93. Es liegt offenbar dem kopt. ⲥⲱϣⲉ : ϣⲱϣⲉ und ⲧⲓⲧⲱϣⲓ zu Grunde. Der obige Satz lässt sich mit nur leichter Veränderung so ins Koptische übertragen: ⲠⲈⲦⲤⲰϢⲈ (boh. ⲠⲈⲦⲈϢⲰϢⲈ) ⲈⲀⲀⲤ ⲚⲀϤ ⲚⲦⲞⲨ ⲀⲀⲤ.

159) — Die sogenannten „Gendarmen" sind bekanntlich eine militärisch organisierte Söldnertruppe.

160) — Pap. Mayer A 2/20 ff. s. pag.

161) — Ä.Z. 1881. p. 119.

162) — Nachträglich sehe ich dass bereits Erman: (Aegypten: pag. 180) in seiner Übersetzung die obige Verbesserung vorgenommen hat.

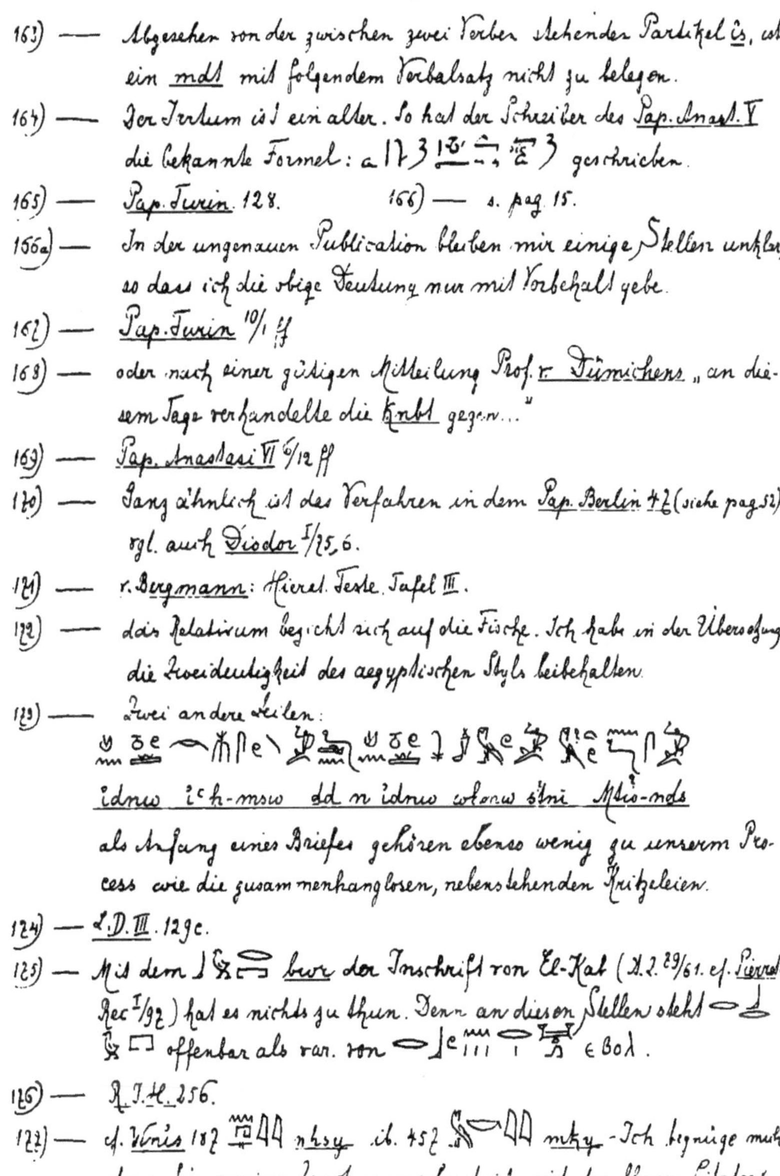

163) — Abgesehen von der zwischen zwei Verben stehenden Partikel ỉs, ist ein mdt mit folgendem Verbalsatz nicht zu belegen.

164) — Der Irrtum ist ein alter. So hat der Schreiber des Pap. Anast. V die bekannte Formel: [hieroglyphs] geschrieben.

165) — Pap. Turin. 128. 166) — s. pag. 15.

166a) — In der ungenauen Publication bleiben mir einige Stellen unklar, so dass ich die obige Deutung nur mit Vorbehalt gebe.

167) — Pap. Turin 10/1 ff

168) — oder nach einer gütigen Mitteilung Prof. v. Dümichens „an diesem Tage verhandelte die Knbt gegen..."

169) — Pap. Anastasi VI 6/12 ff

170) — Ganz ähnlich ist das Verfahren in dem Pap. Berlin 47 (siehe pag. 52) vgl. auch Diodor I/75, 6.

171) — v. Bergmann: Hierat. Texte. Tafel III.

172) — das Relativum bezieht sich auf die Fische. Ich habe in der Übersetzung die Zweideutigkeit des aegyptischen Styls beibehalten.

173) — Zwei andere Zeilen:

[hieroglyphs]

ỉdnw ỉ'ḥ-msw dd n ỉdnw wḥ'w sỉnỉ Mtỉ-nds

als Anfang eines Briefes gehören ebenso wenig zu unserm Process wie die zusammenhanglosen, nebenstehenden Kritzeleien.

174) — L.D. III. 129 c.

175) — Mit dem [hieroglyphs] bwr der Inschrift von El-Kab (L.D. 29/61. cf. Pierret Rec. I/97) hat es nichts zu thun. Denn an diesen Stellen steht [hieroglyphs] offenbar als var. von [hieroglyphs] ϵⲂⲟⲗ.

176) — R.I.H. 256.

177) — cf. Unis 187 [hieroglyphs] nhsy. ib. 457 [hieroglyphs] mky. - Ich begnüge mich, da es für meinen Zweck ausreichend ist, mit den blossen Citaten;

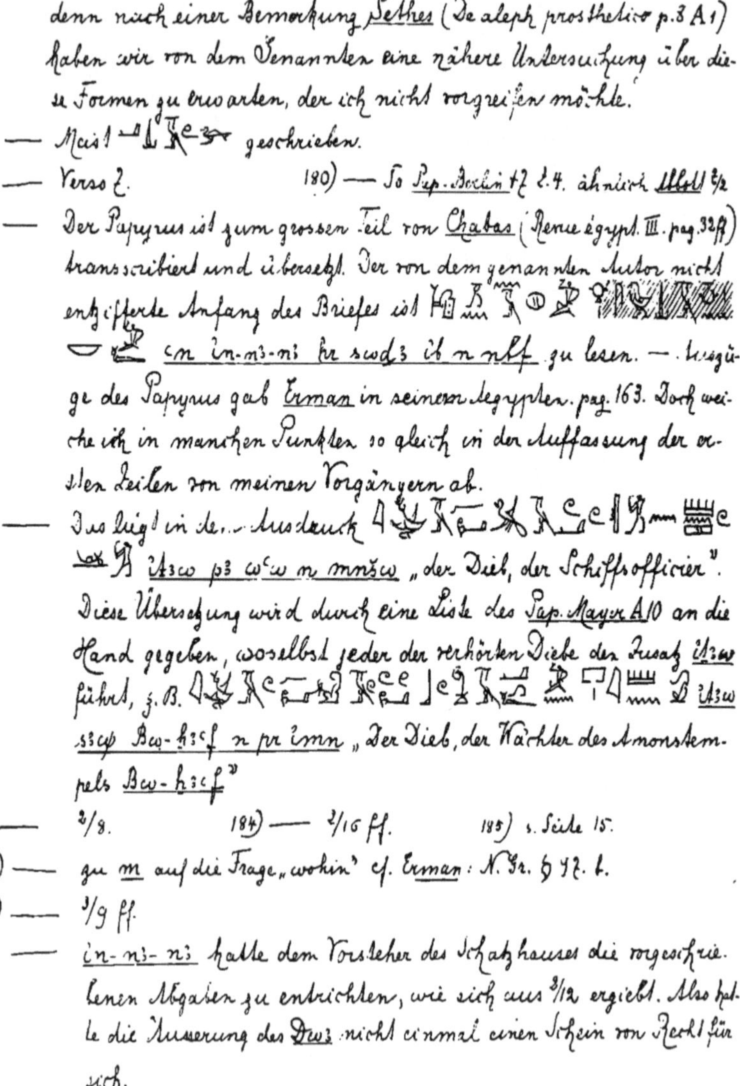

denn nach einer Bemerkung Sethes (De aleph prosthetico p. 3 A 1) haben wir von dem Genannten eine nähere Untersuchung über diese Formen zu erwarten, der ich nicht vorgreifen möchte.

178) — Meist [hieroglyphs] geschrieben.

179) — Verso 7.

180) — So Pap. Berlin 47 Z. 4. ähnlich Abbott 8/2

181) — Der Papyrus ist zum grossen Teil von Chabas (Revue égypt. III. pag. 32ff) transscribiert und übersetzt. Der von dem genannten Autor nicht entzifferte Anfang des Briefes ist [hieroglyphs] ꜥn ỉn-nꜣ-nꜣ ḥr swḏꜣ ỉb n nb.f zu lesen. — Auszüge des Papyrus gab Erman in seinem Aegypten. pag. 163. Doch weiche ich in manchen Punkten so gleich in der Auffassung der ersten Zeilen von meinen Vorgängern ab.

182) — Das liegt in dem Ausdruck [hieroglyphs] ỉꜣꜥw pꜣ wꜥw n mnšw „der Dieb, der Schiffsofficier". Diese Übersetzung wird durch eine Liste des Pap. Mayer A 10 an die Hand gegeben, woselbst jeder der verhörten Diebe den Zusatz ỉꜣꜥw führt, z. B. [hieroglyphs] ỉꜣꜥw sꜣwty Bw-ḥꜣꜥ.f n pr ỉmn „Der Dieb, der Wächter des Amonstempels Bw-ḥꜣꜥ.f"

183) — 2/8.

184) — 2/16 ff.

185) s. Seite 15.

186) — zu m auf die Frage „wohin" cf. Erman: N. Gr. § 47. b.

187) — 3/9 ff.

188) — ỉn-nꜣ-nꜣ hatte dem Vorsteher des Schatzhauses die vorgeschriebenen Abgaben zu entrichten, wie sich aus 3/12 ergiebt. Also hatte die Äusserung des Dwꜣ nicht einmal einen Schein von Recht für sich.

189) — 3/8.

190) — Ich brauche wohl kaum daran zu erinnern, dass sich in diesem Brie-

-te lebhafte Anklänge an die Bauerngeschichte finden.

191) — Pap. Anastasi II 8/5-8 cf. Goodwin: Transact II/352. Chabas: Mélanges III 2/80.

192) — Dies scheint der Sinn der wohl verderbten Stelle:

[hieroglyphs]

hr nt n n3 ꜥn nt ḫbs n n3 šmsw

zu sein. Die ꜥn nt und šmsw sind ständige, niedere Beamte der Knbt, die auch sonst erwähnt werden. So wird unter den Mitgliedern des Rates in dem Civilprocess des Berliner Papyrus ein [hieroglyphs] und im Pap. Wilbour ein [hieroglyphs] genannt. Die letztere var. für [hieroglyphs] spricht übrigens gegen die von Erman (Ä.Z. 79/23) vorgeschlagene Lesung nt-ḥsb. — Ein [hieroglyphs] šmsw n t3 Knbt ꜥ3 t wird in einem noch unveröffentlichten Turiner Papyrus erwähnt, dessen Mitteilung ich der Liebenswürdigkeit Masperos verdanke. Vielleicht entsprechen die beiden Ämter unserem „Gerichtsschreiber" und „Gerichtsvollzieher".

193) — Decret des Ḥr-m-ḥb: Linke Seite Z. 2

194) — ibid. Z. 5-6. 195) Das Determinativ ist in [hieroglyph] zu ändern.

196) — Ä.Z. 1888. pag. 92-93. 197) ib. 93.

198) — cf. Tombeau de Rḫ-mi-rꜥ: Tafel III. Pap. Abbott 2/2 Noch im Koptischen wird ϩⲉⲙⲥⲓ : ϩⲙⲟⲟⲥ in diesem Sinn gebraucht, so in folgender Stelle: (Hyvernat: Actes I pag. 102)

ⲡⲉϫⲉ ⲡⲓϩⲏⲅⲉⲙⲱⲛ ⲛⲁϥ ϫⲉ ⲭⲁⲛ ⲉⲃⲟⲗ ⲉⲛϩⲉⲙⲥⲓ ⲙ̀ⲡⲁⲓⲙⲁ ⲉⲑⲃⲏⲧⲕ „Der Gouverneur sagte ihm: Lass uns nicht mehr deinetwegen hier (zu Gericht) sitzen."

200) — Der Ausdruck findet sich auch in dem noch unveröffentlichten Pap. Vasalli I des brit. Museums.

199) — Erman: Aegypten pag. 203 A 6.

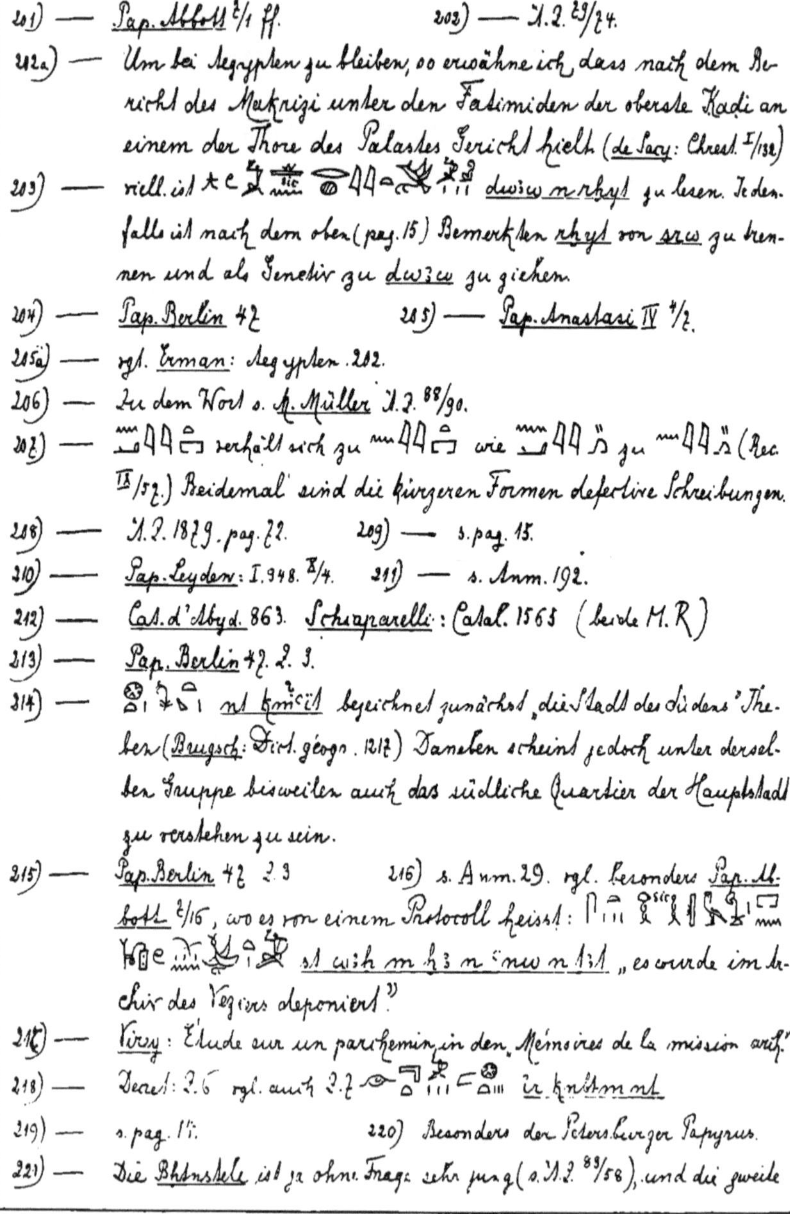

201) — Pap. Abbott 7/1 ff. 202) — Ä.Z. 79/74.

202a) — Um bei Aegypten zu bleiben, so erwähne ich, dass nach dem Bericht des Makrizi unter den Fatimiden der oberste Kadi an einem der Thore des Palastes Gericht hielt (de Sacy: Chrest. I/132)

203) — viell. ist [hieroglyphs] dwʒw n rhyt zu lesen. Jedenfalls ist nach dem oben (pag. 15) Bemerkten rhyt von srw zu trennen und als Genetiv zu dwʒw zu ziehen.

204) — Pap. Berlin 47 205) — Pap. Anastasi IV 4/7.

205a) — vgl. Erman: Aegypten. 202.

206) — Zu dem Wort s. M. Müller Ä.Z. 88/90.

207) — [hieroglyphs] verhält sich zu [hieroglyphs] wie [hieroglyphs] zu [hieroglyphs] (Rec. IX/57.) Beidemal sind die kürzeren Formen defective Schreibungen.

208) — Ä.Z. 1879. pag. 72. 209) — s. pag. 15.

210) — Pap. Leyden: I. 348. X/4. 211) — s. Anm. 192.

212) — Cat. d'Abyd. 863. Schiaparelli: Catal. 1565 (beide M. R)

213) — Pap. Berlin 47. 2. 3.

214) — [hieroglyphs] nt Kmˁit bezeichnet zunächst „die Stadt des Südens" Theben (Brugsch: Dict. géogr. 1217) Daneben scheint jedoch unter derselben Gruppe bisweilen auch das südliche Quartier der Hauptstadt zu verstehen zu sein.

215) — Pap. Berlin 47 2. 3 216) s. Anm. 29. vgl. besonders Pap. Abbott 7/16, wo es von einem Protocoll heisst: [hieroglyphs] (sic) st wʒh m hʒ n ˁnw n tʒt „es wurde im Archiv des Veziers deponiert".

217) — Virey: Étude sur un parchemin in den „Mémoires de la mission arch."

218) — Decret: 2.6 vgl. auch 2.7 [hieroglyphs] ir knbtm nt

219) — s. pag. 17. 220) Besonders der Petersburger Papyrus.

221) — Die Bhtnstele ist ja ohne Frage sehr jung (s. Ä.Z. 83/58), und die zweite

Quelle dürfte, soweit sich aus den bisherigen Mitteilungen entnehmen lässt, dem Pap. Westcar ...? wie dem Londoner Mathemat. Papyrus zeitlich sehr nahe stehen. Allein möglicherweise sind im Pap. d'Orbiney 19/4 unter den [hieroglyphs] srw ꜥꜣyw, welche die böse Frau richten, die Mitglieder unserer Ḳnbt zu verstehen.

222) — Dass im M.R. auch die Gaugrafen ihre eigene Ḳnbt besassen, ist für ihre Stellung gegenüber dem Königtum äusserst charakteristisch.

223) — [hieroglyphs] Ḳnbt n it-nṯr ḥm-nṯr nw r-pr „der Rat der heiligen Väter und Priester der Tempel". Dekret des Ḥr-m-ḥb L.D. 2.

223) — Das zehnte Mitglied, der Gerichtsschreiber (s. Anm. 192), als ein ständiges kommt für unsre Frage nicht in Betracht.

224) — In allen Listen ist das erstgenannte Mitglied der Vorsitzende der betreffenden Ḳnbt.

225) — Auch kurz Ḳnbt genannt. Das Epitheton ꜥꜣ, welches sich sowohl bei der Behörde als solcher wie deren Mitgliedern (srw) findet, gehört gewiss der steifen Gerichtssprache an, unter deren Geist der Schreiber des Pap. Abbott sogar ein srw ꜥꜣyw n tꜣ Ḳnbt ꜥꜣt „die grossen sr der grossen Ḳnbt" zu Tage gefördert hat.

226) — Pap. Leyden. I 344 8/9.

227) — Zu pryt stnyt cf. Pap. Sallier I 9/6: [hieroglyphs] pryt n Pr-ꜥꜣ ꜥnḫ wḏꜣ snb

228) — Im Texte steht [hieroglyphs] Ḳnbti nw w „die zur Ḳnbt des Bezirks Gehörigen".

229) — Virey: Tombeau pag. 169

230) — Dieses nimmt zum weitaus grössten Teil auf die Ḳnbt der Hauptstadt Bezug; eine Ausnahme bildet z. B. der Brief des Pap. Anastasi VI, in welchem es sich ohne Frage um den provinzialen „Rat"

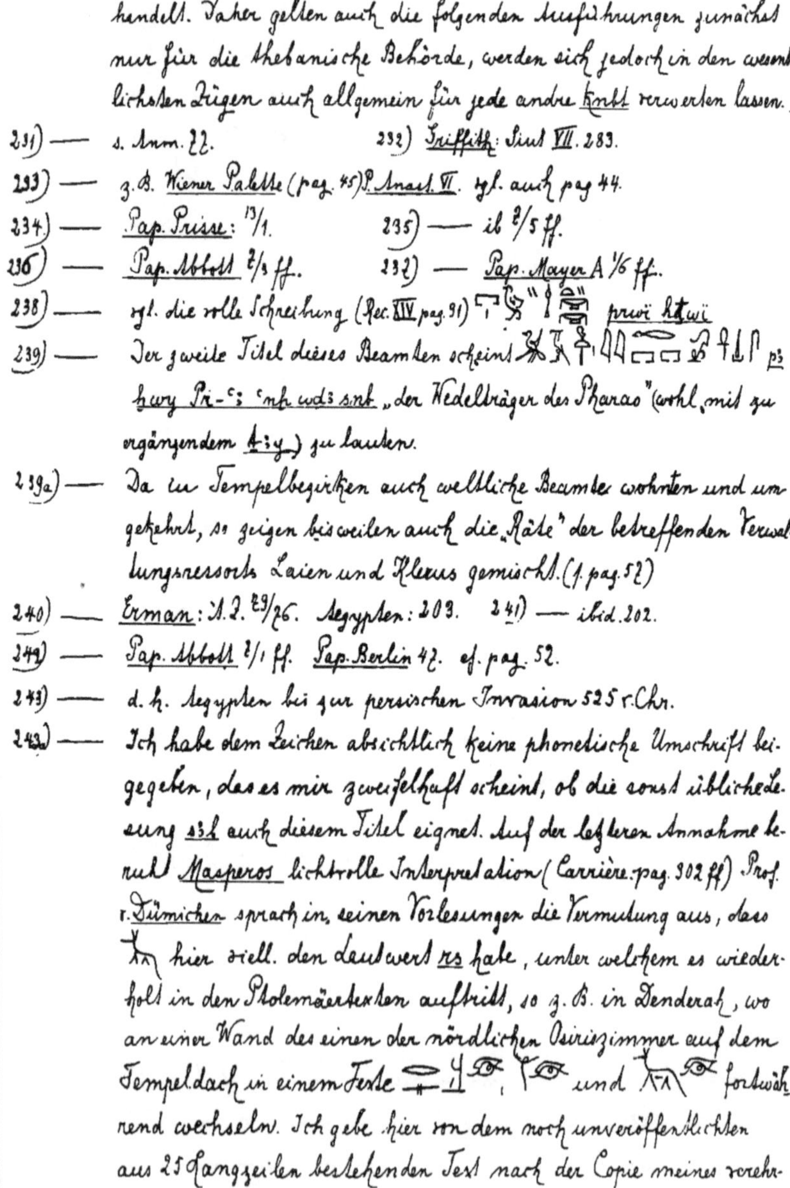

handelt. Daher gelten auch die folgenden Ausführungen zunächst nur für die thebanische Behörde, werden sich jedoch in den wesentlichsten Zügen auch allgemein für jede andre Knbt verwerten lassen.

231) — s. Anm. 22. 232) Griffith: Siut VII. 283.

233) — z. B. Wiener Palette (pag. 45) P. Anast. VI. vgl. auch pag 44.

234) — Pap. Prisse: 13/1. 235) — ib 2/5 ff.

236) — Pap. Abbott 2/3 ff. 237) — Pap. Mayer A 1/6 ff.

238) — vgl. die volle Schreibung (Rec. XIV pag. 91) prwï ḥtwï

239) — Der zweite Titel dieses Beamten scheint p3 ḥwy Pr-ʿ3 ʿnḫ wḏ3 snb „der Wedelträger des Pharao" (wohl mit zu ergänzendem ʿ3y) zu lauten.

239a) — Da in Tempelbezirken auch weltliche Beamte wohnten und umgekehrt, so zeigen bisweilen auch die „Räte" der betreffenden Verwaltungsressorts Laien und Klerus gemischt. (s. pag. 57)

240) — Erman: Ä.Z. 29/76. Aegypten: 203. 241) — ibid. 202.

242) — Pap. Abbott 2/1 ff. Pap. Berlin 47. cf. pag. 52.

243) — d. h. Aegypten bis zur persischen Invasion 525 v. Chr.

243a) — Ich habe dem Zeichen absichtlich keine phonetische Umschrift beigegeben, da es mir zweifelhaft scheint, ob die sonst übliche Lesung s3ḥ auch diesem Titel eignet. Auf der letzteren Annahme beruht Masperos lichtvolle Interpretation (Carrière. pag. 302 ff) Prof. v. Dümichen sprach in seinen Vorlesungen die Vermutung aus, dass hier vielleicht den Lautwert rs habe, unter welchem es wiederholt in den Ptolemäertexten auftritt, so z. B. in Denderah, wo an einer Wand des einen der nördlichen Osiriszimmer auf dem Tempeldach in einem Texte , und fortwährend wechseln. Ich gebe hier von dem noch unveröffentlichten aus 25 Langzeilen bestehenden Text nach der Copie meines verehrten Lehrers ein paar Zeilen, aus welchen dieser Lautwert unseres Zeichens deutlich hervorgeht:

1. 2. 3.

„[1] Du wachst schön, göttlicher Fürst, Herr der weissen Krone, strahlend am Leib, tragend die Mhntschlange. [2] Es wacht deine Seele, welche als Orion dahinfährt, deine göttliche Schwester, die göttliche Sothis schützt dich. [3] Es wacht dein Götterkreis der beiden Seiten Aegyptens. Sie sind allesamt aus deinen Gliedern hervorgegangen."

Prof. v. Dümichen hob ferner hervor, dass auch die Bdtg. von rs „wachen, bewachen, beaufsichtigen" in unserem Titel gut am Platze sei.

244) — Carrière administrative: pag 299 ff.

245) — Auch mein verehrter Lehrer Prof. v. Dümichen hat stets in seinen Vorlesungen für einen Beamtengrad erklärt.

246) — Buch I cap. 39.

247) — Carrière pag. 313. A 2.

248) — Wo sie genannt werden, heissen sie srw.

249) — Aus vielen Stellen zu belegen vgl. Catalogue d'Abyd. 1055. 1159. L.D. III 28.4d. Piehl: H.I. 132. Mariette: M.D. 22/49. Petrie: Season 22/38.

250) — Lieblein: Dict. 736. Rec. VIII, 168. id. IX, 11. Sharpe: E.I. I/59. R.H.I. 40. Mariette: Karnak 36/20.

251) — L.D. III. 242 d. 252) — Virey: Rh-mi-rꜥ, pag. 124. No. 7.

253) — Champollion: Not. 839. 255) — Ä.Z. 1870. p. 20.

254) — Transactions of the society of literature VIII.

256) — Pierret: Rec. d'inscr. I/9. 257) — Virey: Rh-mi-rꜥ pl. III. Z. 3.

258) — Pierret: Rec. d'inscr. II/60. 259) — Mariette: Abydos II/41.

260) — Petrie: Nebesheh XI, 16 a. 261) — Rec. V, 92.

262) — Dümichen: H.I. II/40. 263) — Champollion: Notices 653.

264) — Rec. XI/92. Champollion: Notices 847. Dümichen: H.I. II/43. 44. Mariette: Mon. div. 22/49.

265) — Mariette: Abydos II/41. 266) — Naville: Einleitg. in das Tdb. pag. 116.

267) — Was das M.R. anlangt, so kommt seine zeitliche Mittelstellung auch in diesem Titel zum Ausdruck.

268) — Während die Liste des N.R. nur sehr wenig erschöpfend ist, macht die des A.R. auf einige Vollständigkeit Anspruch.

269) — R.I.H. 84. 91. 97. 103. Dümichen: Resultate Taf. XII.

270) — R.I.H. 52. 78. 99. Dümichen: Resultate Taf. XII.

271) — R.I.H. 99.

272) — R.I.H. 52. Eine andere Schreibung dieses Titels ist [hieroglyphs] (Dümichen: Resultate Taf. VIII ff).

273) — Ä.Z. 1882. pag. 4.

274) — z.B. L.D. II, 9 ff. 77 ff. R.I.H. 52. 57. 86.

275) — R.I.H. 5 L.D. II. 3. 276) — R.I.H. 64. 81. Wnj-inschr. Z. 8.

277) — s. Borchardt: Ä.Z. 90/98. Auch hier bezeichnet [hieroglyphs] nur den Grad des Richtertitels.

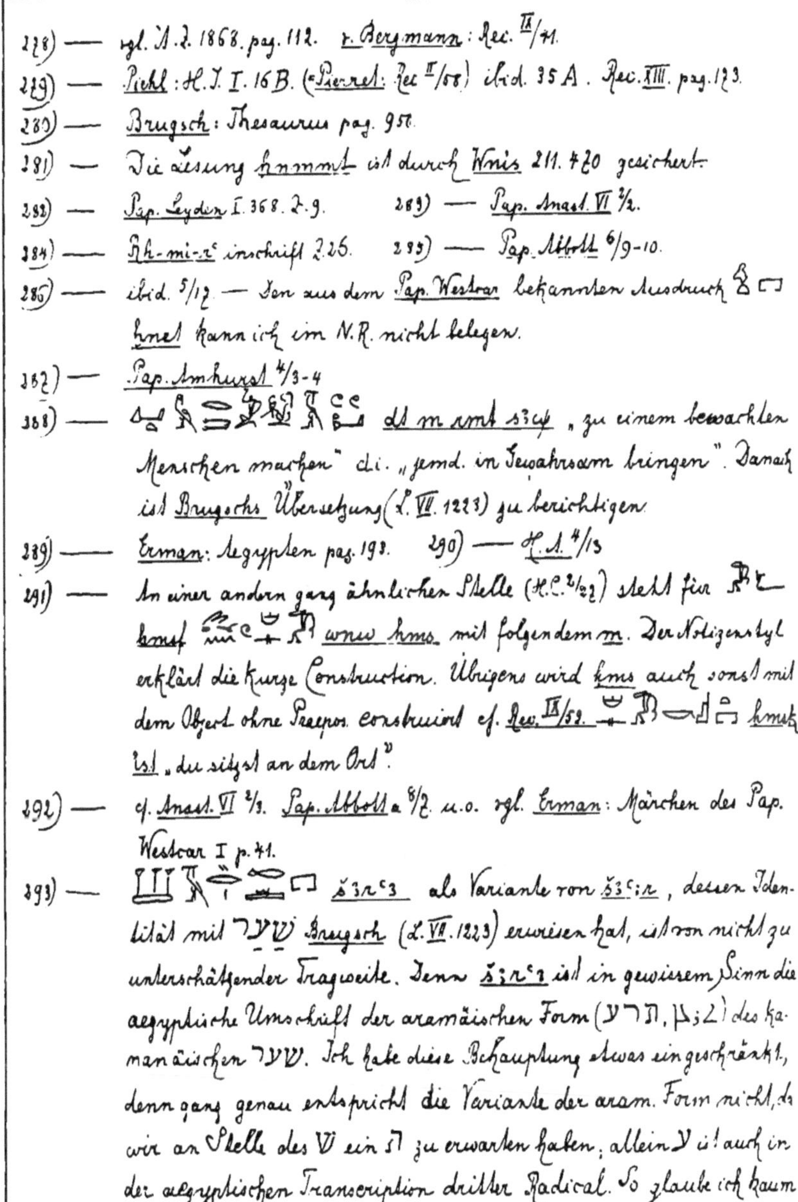

278) — vgl. Ä.Z. 1868. pag. 112. v. Bergmann: Rec. IX/41.

279) — Piehl: H.I. I. 16 B. (=Pierret: Rec. II/58) ibid. 35 A. Rec. XIII. pag. 123.

280) — Brugsch: Thesaurus pag. 958.

281) — Die Lesung ḫnmmt ist durch Wnis 211. 420 gesichert.

282) — Pap. Leyden I. 368. 2.9. 283) — Pap. Anast. VI 2/2.

284) — Rḫ-mi-rꜥ inschrift 2.26. 285) — Pap. Abbott 6/9-10.

286) — ibid. 5/12 — Den aus dem Pap. Westcar bekannten Ausdruck [Hieroglyphen] ḫnmt kann ich im N.R. nicht belegen.

287) — Pap. Amherst 4/3-4

288) — [Hieroglyphen] dd m rmt sȝw „zu einem bewachten Menschen machen" d.i. „jemd. in Gewahrsam bringen". Danach ist Brugschs Übersetzung (L. VII. 1223) zu berichtigen.

289) — Erman: Aegypten pag. 193. 290) — H.A. 4/13

291) — An einer andern ganz ähnlichen Stelle (H.C. 2/22) steht für [Hieroglyphen] ḥmsf [Hieroglyphen] wnw ḥms mit folgendem m. Der Notizenstyl erklärt die kurze Construction. Übrigens wird ḥms auch sonst mit dem Object ohne Praepos. construiert cf. Rec. IX/59. [Hieroglyphen] ḥmst st „du sitzt an dem Ort".

292) — cf. Anast. VI 2/3. Pap. Abbott a 8/2 u.o. vgl. Erman: Märchen des Pap. Westcar I p. 41.

293) — [Hieroglyphen] šȝrꜥȝ als Variante von šȝꜥr, dessen Identität mit שער Brugsch (L. VII. 1223) erwiesen hat, ist von nicht zu unterschätzender Tragweite. Denn šȝrꜥr ist in gewissem Sinn die aegyptische Umschrift der aramäischen Form (תרע, ...) des kanaanäischen שער. Ich habe diese Behauptung etwas eingeschränkt, denn ganz genau entspricht die Variante der aram. Form nicht, da wir an Stelle des ש ein ת zu erwarten haben; allein ע ist auch in der aegyptischen Transcription dritter Radical. So glaube ich kaum

mit der Vermutung fehl zu gehen, dass der Schreiber der betreffenden Prozessacten das semitische Fremdwort aus kananäischem und aramäischem Munde gehört und in seiner Schreibung [illegible] beide Dialecte zusammengeworfen hat. Gleichzeitig wirft nun die hier besprochene Variante auch auf den Verkehr zwischen Aegyptern und Aramäern um jene Zeit ein kleines Streiflicht, das für die letzten Funde in Sindjerli nicht unbeachtet bleiben dürfte. — Auf die Unhaltbarkeit der Ansicht Bondis, dass die semitischen Lehnwörter ausschliesslich dem hebräisch-phönizischen Sprachzweige angehören, hat bereits Steindorff (Z.D.M.G. 1887. pag. 745) hingewiesen.

294) — Ahmi-rꜥ inschrift Z. 26. 295) — Pap. Abbott 5/17, 6/9.

295) — Pap. Abbott 5/17. 6/9. Die von Maspero (Une enquête judiciaire à Thèbes pag. 83) aus 6/9-10 gezogenen Schlüsse beruhen auf einer falschen Ergänzung der etwas zerstörten Stelle, welche so herzustellen ist:

[illegible]

ꜥn Ḥri-šri sꜣ ỉmn-nḫtw n pꜣ ḫr n ḫnw ḫnrỉ ỉw

[illegible]

ỉ r šꜣꜥ ꜣ.ỉ rwỉꜣt ꜥꜣt n nt

„Der Necropolenschreiber Ḥri-šri, Sohn des ỉmn-nḫtw, vom Gefängnis kam bis zu dieser grossen Seite der Stadt." Zu rwỉꜣt cf. Anm. 418. Mr. Griffith, welcher meine Umschrift in liebenswürdigster Weise mit dem Original verglich, bestätigt diese Lesung, die auch in dem Facsimile Chabas' (Mélanges III, 1. Tafel VI) klar zu Tage tritt. — [illegible], das ich einstweilen zweifelnd ḫnrỉ lese, ist wohl mit [illegible], [illegible] (Pap. Westcar 8/15) identisch und die Bedtg. „Hof des Gefangenen" = „Gefängnis" scheint mir ziemlich gesichert.

296) — Pap. Anastasi VI 2/2 ff.

297) — Pap. Leyden I. 368. 2.7 ff. [hieroglyphs]
p: *ihw* p: *iri n* p: *mr pr-wi hdwi*

298) — Pap. Leyden I. 371. 2/4 ff. vgl. dazu die Bearbeitung Masperos (Études égypt. 145 ff.), von der ich kaum abweiche.

299) — wörtl. „zu dem Platz, an welchem ich bin".

300) — wörtl. „nach meiner Weise". 301) — N. Gr. §. 304.

302) — viell. ist vor *hnw* ein *m* ausgefallen.

303) — zu p: = p:yi (kopt. ⲡⲁ) vgl. Maspero a. O.

304) — Pap. Lee 1/2. 305) — ibid. 2/5.

306) — In den Akten stehen sich zwei Wendungen gegenüber:

I. [hieroglyphs]
iw hr wꜣhw hr istw iw mt nw dsw

„Sie liessen sie in ihrer Wohnung, (wörtl. „an ihren Sitzen") und sie tödteten sich selbst"

II. [hieroglyphs]
iw wꜣhw hr ꜥw m tꜣ ist smtr *iw mtwnw dsw*

„Sie liessen sie an Ort und Stelle vor dem Gerichtshof, und sie tödteten sich selbst".

[hieroglyphs] bezeichnet den Ort im weitesten Sinne (so geben die var. des Totenbuches häufig *mbꜣh ꜥ* = *mbꜣh*, und ibid. 92/13 findet sich [hieroglyphs] *tp tꜣ* = [hieroglyphs] *tp ꜥ tꜣ*); *hr ꜥw* heisst also „an ihren Stellen" d. h. „an den Stellen, wo sie gerade standen" entspricht also der obigen Übersetzung, die ja auch durch den Ggs. zu der ersten Wendung nahe gelegt ist.

307) — P. j. 6/1 308) — Pap. Abbott 6/12-13

309) — Die bisherigen Übersetzungen geben nur den allgemeinen Sinn.

310) — Vs. 2.28. vgl. dazu M. Müllers Commentar und Übersetzung, (Ä. Z. 88/20 ff.) von der ich nur in der Auffassung des Schlusssatzes abgewichen bin.

311) — vgl. Müllers Conjectur a. O. 312) Nach M.s zweifelloser Verbesserung.

313) — Müller übersetzt „indem man abfordert die Haut, welche er genommen hat von ihm (!) räuberisch". Der scharfsinnige Erklärer der hier erwähnten Inschrift hat mit dem Ausrufungszeichen selbst auf den wunden Punkt seiner Übersetzung hingewiesen, in welcher das Pronomen völlig in der Luft schwebt, während die von mir angenommene Construction durchaus verständlich ist. Dass [hieroglyphs] 13 hier die defective Schreibung des Infinitivs ist, zeigt der weiter unten (pag. 77) citierte Schwur [hieroglyphs] bn ōdi 13wt mdf. ōd ist hier nicht mit seinem zugehörigen Infinitiv sondern mit dem eines sinnverwandten Verbums verbunden, ebenso wie man im Arabischen in der dem Aegyptischen entsprechenden Construction des ضرب neben جلس جلوس auch قعود جلس sagen kann. Auffallend ist, dass dass in allen mir bekannten Beispielen, in welchen das Verbum finitum seinen Infinitiv zu sich nimmt, dieser durch m verknüpft ist. vgl. Erman: N. Gr. §301. Hinzufügen will ich noch das für unsern Fall lehrreiche [hieroglyphs] 13 m 13wt (Anast. III 6/1-2 = Anast. IV 9/12, R. I. H. 256 Z. 7) Ob hier eine syntaktische Regel vorliegt, entzieht sich vor der Hand meiner Beurteilung.

314) — Pap. Anast. V 8/6. 315) — Pap. Anast. III 3/13.

316) — z.B. Pap. Bulag. X (II 2/15-16 cf. pag. 28) Hieratic inscr. XII.

317) — So bezeichnen ja auch die oft wiederkehrenden „120 Jahre" nur ein hohes Alter.

318) — Ich nehme hier selbstverständlich keinerlei Beziehung zwischen der Zahl hundert in der Prügelstrafe des alten und modernen Aegyptens an. Letzteres hat diese Zahl offenbar durch den Islam erhalten. vgl. Sure 24/2: الزَّانِيَةُ وَالزَّانِي فَاجْلِدُوا كُلَّ وَاحِدٍ مِنْهُمَا مِائَةَ جَلْدَةٍ, eine Stelle, auf die mich Prof. Nöldeke aufmerksam machte.

319) — Pap. Leyden I 350 I/9 — Über eine Strafe von 1000 Hieben berichtet Diodor: I 78/5: εἰ δέ τις παῖδας μοιχεύσαι, τὸν μὲν ἄνδρα ῥάβδοις χιλίας πληγὰς λαμβάνειν ἐκέλευον κ.τ.λ.

320) — Die Litteraturangaben s. Wiedemann: Herodots IIte Buch. pag. 495.

321) — A.Z. 88/81.

322) vgl. Dümichen: Geschichte Aegyptens. pag. 257.

323) — Für das Nähere verweise ich auf pag. 25.

324) — H.A. Verso 2/16.

325) — Die Worte sind an den Vezier gerichtet.

326) — H.C. 5/3-4.16-22. 7/9. etc.

327) — Die Bedtg. dieses sich nur in unserer Eidformel findenden Wortes ergiebt sich aus dem Determinativ [hieroglyph] mit annähernder Sicherheit.

328) — s. pag. 28.

329) — Pap. Brit. Mus. 10335 I/12. — Die vorhergehenden Worte sind [hieroglyphs] iwf dd ἰnyf ᶜnḫ n nb ᶜnḫ wdꜣ snb zu lesen. Danach ist Pleyte's Umschrift und Übersetzung (P.S.B.A. 1888. p. 41 ff) zu berichtigen.

330) — Diodor: III 12,2 giebt darüber Folgendes: οἱ γὰρ βασιλεῖς τῆς Αἰγύπτου τοὺς ἐπὶ κακουργίᾳ καταδικασθέντας καὶ τοὺς κατὰ πόλεμον αἰχμαλωτισθέντας, ἔτι δὲ τοὺς ἀδίκοις διαβολαῖς περιπεσόντας καὶ διὰ θυμὸν εἰς φυλακὰς παραδιδομένους, ποτὲ μὲν αὐτούς, ποτὲ δὲ καὶ μετὰ πάσης συγγενείας ἀθροίσαντες παραδιδόασι πρὸς τὴν τοῦ χρυσοῦ μεταλλείαν

331) — il. 12/2 ff.

332) — Abgesehen von unwesentlichen Varianten. vgl. übrigens Brugsch: L.V. 244. A.Z. 63/23.

333) z.B. L.D. III. 153. Z.25. Brugsch: Rec. I 54/2.21 ibid 43/25.

334) — Nach dem pag. 81 Bemerkten ist die obige Übersetzung zu berichtigen und dafür „So wahr ich lebe, so wahr mich Rēᶜ liebt etc" einzusetzen.

335) — Eine noch weitere Ausführung findet sich auf der Sockelinschrift des Obelisken der Hᶜt-šps.t.

336a) — Ä.Z. 1891. pag. 119. A. 1.

336) — Ganz eigenartig ist der Schwur (Piehl: H. I. I/90)

cnḫ n Imn ḥsftwi mryftwi swꜥḥftwi

„Ich schwöre bei Amon, („wörtlich: „Schwur bei Amon" (?)), so wahr er dich auszeichnet, dich liebt und dich mehrt"....

337) — Erman: Gr. Westcar. pag. 95 A. 1. — Mit der Annahme eines Archaismus wird die obige Auffassung unhaltbar. (344)

338) — L.D. III. 30 b/25   339) vgl. z.B. Wnis. 181. Pr-m-ḥrw I/3

340) — Gr. Westcar. §. 237.

342) — Pap. Harris: Verso 500 3/12. In dem Märchen ist ohne Frage eine im täglichen Leben übliche Formel verwandt. Da sich dieser Eid im Munde einer Prinzessin findet, so wird schon dadurch Brugschs Annahme hinfällig, dass sich der durch wꜥḥ und folgenden Götternamen eingeleiteten Formel nur gemeine Leute bedienten. (Wörterb. V. 244).

343) — Pap. d'Orbiney: 16/3 ꜥrḳ n nṯr und im Kopt. Acts ⲱⲣⲕ ⲙ̄ⲡⲛⲟⲩⲧⲉ

344) — Pap. Turin 49/10.

345) — Ä.Z. 1891. p. 116 ff — Das Schreiben ist vielleicht an den [hieroglyphs] ḥꜣtj gerichtet.

346) — Pap. Turin 49/8

347) — Zu bꜣ in dem hier gebrauchten Sinne vgl. Chabas: L'égyptologie pag. 47. vgl. auch die folgende Fluchformel. (Mission du Caire I 3/6)

iwnn ir niꜣynn bꜣ· ꜥꜣ dnsmn irw(ⲉⲣⲁⲩ) iw bn iwnn ḥtp nw iwnn [d]t šꜣḥw n pꜣ iwtnw

„Wir (die Götter) lassen unsere gewaltigen Geister auf ihnen lasten, und lassen ihnen keine Ruhe!, und wir übergeben ihre Nasen dem Erdboden."

348) — mt in der zweifellosen Bedtg. „töten" kenne ich nur aus dieser Formel, welche wohl eine Ellipse enthält. Die vollständige Phrase würde lauten: p: ntï ʿ3 p: ntï b:f r mt „welcher gewaltig ist und dessen Geister töten werden". Das in der vorhergehenden Anmerkung citierte Beispiel würde es übrigens auch nahe legen, unter Annahme eines Schreibfehlers b:f ʿ3 zu emendieren. Der Sinn des Ganzen ist jedenfalls klar.

349) — Es scheint, als ob m dd nach dem Verbum des Schwörens die specielle Formel einleitete, also entsprechend dem Gebrauch von m die Art der Eidformel angiebt, während r dd (ϫⲉ) die Worte des Schwörenden als directe Aussage einführt.

350) — Hieratic inscr. III. Verso. 351) — Ostracon Bulaq. (Br. L. V. 344)

352) — Passim in den Processacten. 353) — H.C. V 5/13. V 6/1 u.o.

354) — iwf steht hier wohl elliptisch für „sagen" (N. Gr. § 182). Sicher ist es so in dem folgenden iwf ϫⲉ zu fassen.

355) — M.A. 1/22 2/2 etc. Die übliche Abkürzung des Schreibers des Pap. Mayer A. 356) H.C. V 4/4.

357) — pag. 70.

358) — In der letzten Participialconstruction mag ein Anakoluth der Vulgärsprache stecken.

359) — Das Wort  war bisher nur aus einer Stelle des Pap. Abbott (5/6) bekannt und hat zu den verschiedensten Deutungen Anlass gegeben. vgl. die Commentare Masperos, Chabas' und Ermans a. O. Den Schlüssel zum Verständnis dieser Gruppe giebt der folgende Schwur: (M.A. V 3/5)

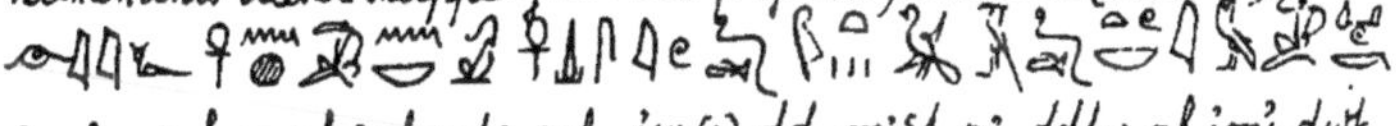

iryf ʿnh n nb ʿnh wd: snb iw(f) dd m:ʿt p: ddw nb imï dwk
ϫⲉ

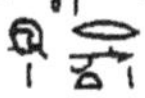

tpi r ht

„Er leistete den Königseid, indem er sprach: Wahr ist alles, was gegen

mich ausgesagt ist, gieb den Kopf in das Holz!"
Ich denke, die Annahme liegt nicht zu fern, dass hier von einem Folterinstrument die Rede ist, in welches der Kopf gezwängt wurde; erinnere ich recht, so fehlte es auch in den Folterkammern des Mittelalters nicht. ... di. „Kopf" + „Holz" dürfte die kurze Bezeichnung dieses Werkzeugs sein.

360) — H.A. V 2/6

361) — Brugsch: L. V. 244. nk habe ich hier in dem Sinn des abgeleiteten kopt. NOEIK genommen (367).

363) — Pap. British Museum. 10355 II/21.

364) — wörtl. „nicht habe ich es ihm diebisch genommen". 13wt steht hier in der Bdtg. des kopt. ⲛϫⲓⲟⲩⲉ, während es im Decret des Hor-hb (Z. 28) „gewaltsam" bedeutet. Im übrigen vgl. Anm. 313.

365) — H.C. V/6, 12

366) — wörtl: „wenn ich gefunden werde, indem (oder „dass") ich ging" Die Fehler sind leicht nach dem folgenden Citat zu berichtigen.

367) — Zu snnï hr „zu jemd. gehn" vgl. Pap. Anast. V 8/2-3:

hr bw ỉrt wmt m n3 ntï ṯwk h3bw hr snnï hrï

„denn keiner von den Leuten, welche du sendest, kommt zu mir."

368) — H.C. V/8, 17.

369) — Pap. Vasalli I 2/6.

370) — Pap. Abbott 5/6.

371) — s. N. Gr. § 161 A. 1.

372) — Hieratic inscr. XV. s. pag. 28.

373) — P. Harris. V. 500 3/12.

374) — Pap. Brit. Museum 10335 II/16-17. cf. Anm. 329.

375) — Pap. Turin 43/8.

376) — Pap. Turin 96/11 ff.

377) — Für das Arabische vgl. Caspari-Müller § 527 Anm. De Sacy: Gram. II. 473 und 490.

378) — Nach dem im Anfang dieses Capitels Bemerkten wird man verstehen, weshalb ich hier die Eide der Könige unberücksichtigt gelassen habe.

379) — Zu dem Folgenden vgl. die Bemerkungen Spiegelbergs: ÄZ. 84/141, 85/132.

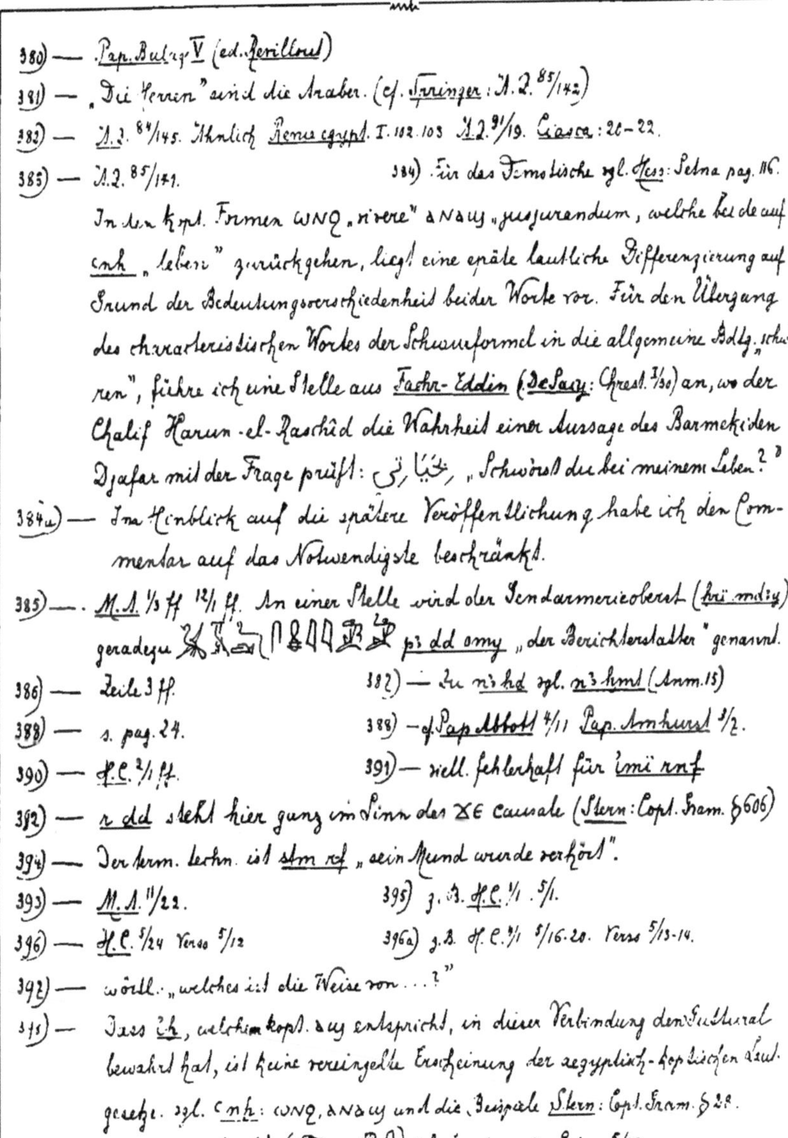

380) — Pap. Bulaq V (ed. Revillout)

381) — „Die Herren" sind die Araber. (cf. Springer: Ä.Z. 85/142)

382) — Ä.Z. 84/145. Ähnlich Rev. égypt. I. 102.103 Ä.Z. 91/19. Ciasca: 20–22.

383) — Ä.Z. 85/141. 384) Für das Demotische vgl. Hess: Setna pag. 116.

In den kopt. Formen ⲱⲛϩ „vivere" ⲁⲛⲁϣ „jusjurandum", welche beide auf ꜥnḫ „leben" zurückgehen, liegt eine späte lautliche Differenzierung auf Grund der Bedeutungsverschiedenheit beider Worte vor. Für den Übergang des charakteristischen Wortes der Schwurformel in die allgemeine Bdtg. „schwören", führe ich eine Stelle aus Fachr-Eddin (De Sacy: Chrest. I/30) an, wo der Chalif Harun-el-Raschîd die Wahrheit einer Aussage des Barmekiden Djafar mit der Frage prüft: أحياتي, „Schwörst du bei meinem Leben?"

384a) — Im Hinblick auf die spätere Veröffentlichung habe ich den Commentar auf das Notwendigste beschränkt.

385) — M.A. 1/3 ff 12/1 ff. An einer Stelle wird der Gendarmerieoberst (ḥrì mḏꜣy) geradezu [hieroglyphs] pꜣ dd smy „der Berichterstatter" genannt.

386) — Zeile 3 ff. 387) — Zu nꜣ hd vgl. nꜣ ḥmd (Anm. 15)

389) — s. pag. 24. 388) — cf. Pap. Abbott 4/11 Pap. Amherst 3/2.

390) — H.C. 2/1 ff. 391) — viell. fehlerhaft für ìmì rnf

392) — r dd steht hier ganz im Sinn des ϫⲉ causale (Stern: Copt. Gram. §606)

394) — Der term. techn. ist stm rf „sein Mund wurde verhört".

393) — M.A. 11/22. 395) z.B. H.C. 1/1. 5/1.

396) — H.C. 5/24 Verso 5/12 396a) z.B. H.C. 4/1 5/16.20. Verso 5/13-14.

397) — wörtl.: „welches ist die Weise von ...?"

398) — Dass ìḫ, welchem kopt. ⲁϣ entspricht, in dieser Verbindung den Guttural bewahrt hat, ist keine vereinzelte Erscheinung der aegyptisch-koptischen Lautgesetze. vgl. ꜥnḫ: ⲱⲛϩ, ⲁⲛⲁϣ und die Beispiele Stern: Copt. Gram. § 28.

399) — Demotisch [demotic signs] ([hieroglyphs]) ìḫ ꜥrrk z.B. Setna 5/32.

400) — Eine Ausnahme findet sich z.B. H.C. 4/4.

401) — [hieroglyphs] sw ddtw m rmt s3w „er (d. i. der Angeklagte) wurde in Gewahrsam gebracht" (vgl. Anm. 288.) und

402) — [hieroglyphs] ddtw n.f n.f „ihm wurde die Freiheit gegeben" sind die Aktenformeln.

403) — s. pag. 35. 403a) — M. A. 1/21 ff.

404) — s. Brugsch: L. VI. 537. 405) — M. A. 3/12.

406) — wörtl. „rein von den Dieben".

407) — Man mag dazu Aelian: Var. Hist. (ed. Hercher pag. 358) vergleichen: Αἰγυπτίους φασὶ δεινῶς ἐγκαρτερεῖν ταῖς βασάνοις καὶ ὅτι θᾶττον τεθνήξεται ἀνὴρ Αἰγύπτιος στρεβλούμενος ἢ τἀληθὲς ὁμολογήσει.

408) — H. C. 3/18 409) — H. C. V/4, 4 ff.

410) — wörtl. „nicht sehen".

411) — s. Caspari-Müller § 497 A — Das hierhergehörige, bekannte قال ما قال „er sagte, was er sagte" d. i. „er sagte irgend etwas" lässt sich, beiläufig bemerkt, auch im Aegyptischen nachweisen und zwar aus der folgenden Stelle (Pap. Westcar 6/7)

[hieroglyphs]
ᶜḥᶜn ḏd.n ḫr-ḥb ḥri-ḏ3ḏ3 D3ḏ3-m-ᶜnḫ ḏdt.nf m ḥk3

„Der oberste Vorleser D3ḏ3-m-ᶜnḫ sagte, was er sagte, als Zauber" d. i. „D. sagte irgendetwas als Zauber", wie auch Erman (a. O.), welcher den Satz etwas anders construiert, die Stelle fasst.

412) — Dümichen: G. I. IV. Tafel 21. 413) — M. A. 2/17 ff.

414) — Die Lesung der letzten Worte ist unsicher. In meiner Übertragung habe ich pn als Possessivartikel gefasst (N. Fr. ℌ. 35)

415) — sᶜḥᶜ „aufstehen gegen" (vom Zeugen) ist hier bereits ganz im Sinne des abgeleiteten ⲤⲞϨⲒ : ⲤⲞⲞϨⲈ „redarguere, increpare" gebraucht. Auch ᶜḥᶜ r lässt sich bereits in der Bedtg. „anklagen" nachweisen (cf. Todtb. ed. Nav. 30A/3-4 30B/3.) Der Bedeutungsübergang ist ja leicht verständlich. Ich

erinnere nur an das כִּי קָמוּ־בִי עֵדֵי־שֶׁקֶר (Ps. 27/12) „denn lügnerische Zeugen stehen auf wider mich". vgl. auch ⲁⲩⲱ ⲉⲙⲛ̄ ⲙⲛ̄ⲧⲣⲉ ⲁϥⲉⲣⲙⲛ̄ⲧⲣⲉ ⲉⲣⲟⲥ „und wenn kein Zeuge gegen sie auftritt", in freier Übertragung der LXX καὶ μάρτυς μὴ ἦν μετ' αὐτῆς (Numeri 5/13 ed. Maspero)

417) — M.A. 7/24 ff.

418) — ꜥ.wi.t, „Seite" bezeichnet hier und sonst nicht selten die Seite eines Flusses, d.i. sein „Ufer" cf. Pap. d'Orbiney 6/2 ff. Pap. Abbott 6/10 s. Anm. 235.

419) — Pap. Turin 22.

420) — Die erste Zeile des Blattes scheint nicht mehr zu unserem Document zu gehören.

421) — Brugsch: L. VII. 1390.

422) — vgl. pag. 32, wo eine ähnliche Construction besprochen ist.

423) — Nach unserer Stelle bezeichnet es ein Kleidungsstück.

424) — R.I.T. 256. Elephantine. Pierre du Quai.

425) — ibid. 258.

426) — Ich habe in der Wiedergabe des Textes Verbesserungen durch gebrochene Linien angedeutet.

427) — Die Publication hat hier noch einen überflüssigen Strich.

427a) — s. pag. 14. In der Publication [illegible].

428) — Das durch ⊏ gelegte Zeichen ist wohl nur ein Steinsprung oder ähnliches.

429) — Nach Zeile 4 verbessert.

430) — In der Publ. [illegible]

431) — vgl. Pap. Sallier II 3/6.

432) — s. pag. 15.

433) — Pap. Leyden I. 348. 12/3.

434) — Nach dem Obigen sind die Lesungen und Übersetzungen von Chabas (Mél. III 3/133) und Brugsch (Die Aegyptologie pag 224) zu berichtigen.

435) — In Brugschs Liste no. 38 (Aegyptologie pag. 215)

436) — Mariette: Abydos II. 36/3

437) — A.Z. 26/34. vgl. auch Gram. hiérat. 914.

438) — Falls der Fehler nicht dem modernen Copisten zur Last fällt, so lies

er sich durch eine irrige Umschrift der hierat. Vorlage erklären.

439) — So stets im Pap. Ebers. Für das Vorstehen von m rpw vgl. Pap. Anastasi I 11/1: [hieroglyphs] bw rḫk nfr m rpw bin, „du kennst weder Gutes noch Schlechtes".

440) — vgl. „Aber das denk! wie ein Seifensieder" (Schiller)

441) — Ebenso ist aus [hieroglyphs] ḏ3 itwr ϫιοορ gebildet.

Berichtigung.

Die irrtümliche Lesung ḏ des Zeichens [hieroglyph] ist überall in ḏ3 zu verbessern. (vgl. Steindorff Ä.Z. 91. pag. 60)

Verzeichnis der aus veröffentlichen hieratischen Texten benutzten Stellen.

Pap. Abbott.

3/4 : 24.
4/11 : 82.
5/6 : 78.
5/17 : 64. 65.
6/9 : 65.
6/9-10 : 120.
6/12-13 : 68.
6/21-23 : 7 (bis).
7/1 : 13.
7/1 ff : 51. 59.
7/2 : 47. 51.
7/3 ff. : 57.
7/8 : 13. 15.
7/16 : 114.
8a/7 : 64.

Pap. Prisse.

7/5 ff : 57
7/6 : 104
11/5 : 104.
13/1 : 56. 104.

Pap. Anastasi.

I 11/1 : 130.
II 8/5 : 13. 50.
II 8/7 : 10.
III 3/13 : 69.
III 6/1-2 : 122.
III V.6/8 : 109.
IV 4/7 : 52.
IV 9/12 : 122.
IV 10/5-6 : 26.
IV 14/9 : 12.
IV 15/8 : 46.
V 8/6 : 69.
V 12/5 ff : 25.
V 13/4 : 107.
V 19/7 ff : 10 ff.
V 21/2-3 : 77.
VI 1/7-4/10 : 47 ff.
VI 2/2 ff : 64 (bis)
VI 2/3 : 64.
VI 2/8 : 15.
VI 6/12-13 : 15. 12.

Pap. Turin.

3/10 : 27.
4/1 : 27.
8/5 : 106.
9/1 : 106.
10/1 ff : 43 ff.
16/1 ff : 37 ff.
16/8 : 13. 15.
17/9 13. 35.
35I/1 : 27.
96/10 ff : 79.
43/8 : 73. 79.
43/10 : 73.
50/1 : 31.
61/II, 2 7.
67/14 : 13. 102.
72 : 92 ff.
128 : 42 ff.
128/6 : 15.

Pap. Salt.

2/3-4 : 35.

Pap. Leyden.

I. 344 10/4 : 53.
I. 348 10/3 : 97.
I. 348 10/4 : 53
I. 350 1/9 : 69.
I. 368, 7 ff : 65.
I. 368, 9 : 64.
I. 371 2/4 : 65.
I 371 1/6 : 12.

Pap. Bologna

1086 1/7 : 7.
1086 2/4 : 13.
1086 2/4 ff. : 38-39.
1094 2/4 : 9.
1094 9/6 ff : 35.

Pap. Sallier

I 2/5 : 26.
I 9/6 : 115.
II 8/6 : 95.
IV V/7 : 13. 46.

Pap. Berlin.

47 allg. : 52.59.
47/3 : 53.
47/4 : 47.
47/16 : 13.
47/16 : 46.

Hieratic inscr.

Tafel XII : 26.28.73.78.
Tafel XIV : 28.108.

Pap. judiciaire (Turin)

6/1 : 67.

Bergmann: H.T.

Tafel I : 34.
Tafel III : 45.

Pap. Louvre.

3169 : 25.
Lederhs. : 14.53.

Pap. Bulaq.

I 21/18.20 : 14.37.
II 1-2 : 16 ff.
II 1/9 : 12.
II 1/15 : 13.
II 2/15-16 : 69.

Pap. Bulaq. (ed. Maspero: Ä.Z. 81/119)

—— : 41 ff.

Pap. Lee.

1/7 : 67.
3/5 : 67.

Pap. Rollin

allgem. : 108.

Pap. Petersburg.

I. : 14.115.

Pap. d'Orbiney.

6/7 : 129.
14/2 : 40.
19/4 : 115.

Pap. Amherst.

4/3-4 : 64.
4/3 : 35.
3/9 : 35.

Pap. Westcar.

6/7 : 128.
8/15 : 120.

Ostracon. (Bibl. Nat.)

Ledrain: T.V : 29 ff.

Pap. Mallet

4/6 : 12.

Pap. Br. Mus. 10335

3/7 : 27.
2/16-17 : 70.79.
2/21 : 77.

Pap. Harris I.

23/9a : 107.
23/9b : 108.
52/11a : 27.
29/8 : 27.
32/8a : 27.

Pap. Harris V. 500.

3/12 : 73.
3/12 : 78.

Ostracon Florenz

Ä.Z. 80/94 : 108.